本著作获河南省教师教育课程改革研究项目资助，项目编

体育课程评价理论与实践

郝　明　著

河北科学技术出版社

·石家庄·

图书在版编目（ＣＩＰ）数据

体育课程评价理论与实践 / 郝明著 . -- 石家庄：
河北科学技术出版社 , 2023.6
ISBN 978-7-5717-1625-7

Ⅰ . ①体… Ⅱ . ①郝… Ⅲ . ①体育 – 教学评议 – 研究
Ⅳ . ① G807.01

中国国家版本馆 CIP 数据核字 (2023) 第 104923 号

体育课程评价理论与实践

郝　明　著

责任编辑	原　芳
责任校对	郭　强
美术编辑	张　帆
封面设计	优盛文化
出版发行	河北科学技术出版社
地　　址	石家庄市友谊北大街 330 号（邮编：050061）
印　　刷	三河市华晨印务有限公司
开　　本	710mm×1000mm　1/16
印　　张	11.75
字　　数	200 千字
版　　次	2023 年 6 月第 1 版
印　　次	2024 年 1 月第 1 版
书　　号	ISBN 978-7-5717-1625-7
定　　价	79.00 元

前　言

学校体育课程对学生的教育作用是全方位的，具有深刻的内涵和重要的意义。体育文化的发展，为体育课程的发展不断注入新的内涵。体育课程是体育教育的核心，集中反映体育教育的目标，反映体育教学的内容，决定师资培训的规格，对体育教学具有重要的指导作用。体育课程具有教育、健身和娱乐等功能，但其本体功能应该是传承体育文化、传授运动技能和体育知识。体育课程建设是学校体育教育的基础建设，应该得到应有的重视和认真的研究，以促进体育课程科学化的发展。

在体育教学中，体育教育课程设置的基本问题反映了体育教育的目标，表达了体育教育的内容，对体育教师培训有严格的要求和标准。体育课程涉及教育、健康、研究、物理治疗、娱乐和其他功能，但它的使命是传播体育文化。由于需要促进社会变革和文化多样性，体育课程的任务是不断完善和改进体育教育，使课程更加符合人才培养的具体要求。因此，广大教育工作者应对体育教育基础设施、高校的体育课程建设、体育课程评价等给予充分重视和认真研究，激发体育课程的潜力。体育课程评价是对体育课程自身的评定，对体育课程的实施起着重要的导向和质量监控作用，这对体育课程具有重要的意义。

本书共分为七个章节，对体育课程评价进行了分析与研究。

第一章为体育基础理论，分别从体育解读、体育与健康、体育文化三个方面对体育进行了论述。

第二章为体育课程及其评价理论体系，主要包括体育课程解读、基本理论问题分析、体育课程评价的具体内容、体育课程评价的指导内容。

第三章为体育课程过程性评价与多元评价，内容主要涉及体育课程过程性评价、体育课程多元评价两方面。

第四章为体育课程评价方法，内容包括体育课程评价方法概述、体育课程评价中定性的方法、体育课程评价常用的定量方法。

第五章为体育成绩的测量与评价，主要内容有体育课成绩的评价、试题的编制与评分、学生运动技术水平测验。

第六章为体育课程建设评价，内容有体育课程建设评价概述、体育课程建设评价量表的设计及应用、体育教学大纲的评价、体育教科书的评价。

第七章为体育教育专业综合素质评价体系构建，内容包括体育教育专业综合素质评价的理论、体育教育专业综合素质评价指标体系设计的原则、体育教育专业综合素质评价指标体系设计的方法、体育教育专业本科毕业生综合素质、体育教育专业综合素质评价的广度分析。

笔者在撰写本书的过程中得到了许多朋友的帮助，而且为了确保研究内容的丰富性和多样性，书中还参考了一些专家学者的成果，在本书出版之际，谨向专家学者及所有帮助过笔者的朋友表示衷心的感谢。同时，由于笔者水平有限，加之时间仓促，所以本书难免存在一些不足，在此恳请读者批评指正。

郝　明

2023 年 1 月

目　录

第一章　体育基础理论

第一节 体育解读

一、体育概述

（一）"体育"概念

1."体育"一词的由来

体育是人类社会特有的文化现象，它和人类社会的产生与发展相适应。体育作为一种社会现象，其概念并非不变，随着社会的发展和人类需求层次的不断提升，人们对体育的理解和认识也在进一步深化。

我国体育历史悠久，但"体育"一词直到19世纪末20世纪初才出现，它是一个外来词。在我国，"体育"经历了从译作"身体（之）教育""体教""身教"到译作"体育"的演变过程。"体育"一词在刚传入我国时，是指身体的教育，是一种与维持和发展身体的各种活动有关联的一种教育过程，与国际上理解的"体育"是一致的。

随着西方文化不断涌入我国，体育活动在城市和学校里逐步开展起来，当时学校体育的内容也从单一的体操逐渐向多种项目发展，课堂上开始出现篮球、田径、足球等，随之竞赛活动也日益兴起，其目的和内容大大超出原来"体育"的范畴。1923年的《中小学课程纲要草案》，正式将"体操课"改名为"体育课"。体育的概念也出现了"广义"与"狭义"的解释。

2.体育的概念

体育分为广义体育和狭义体育。广义体育（亦称体育运动）是人们根据社会生产和生活的需要，遵循人体生长发育和机能活动规律，以身体练习为基本手段，为达到增强体质、提高运动技术水平、进行思想品德教育、丰富社会文化生活而进行的一种有目的、有意识、有组织的社会活动。体育属于社会文化教育范畴，它是伴随人类社会的发展而逐步建立和完善起来的一个专门的科学领域，是社会总文化的一部分，其发展受社会政治经济的影响和制约，也为社会政治经济服务。狭义体育（通常指学校体育，又称体育教育）是全面发展人的身体，增强体质，传授锻炼身体的知识、技术和技能，提高运动技术水平，培养道德和意志品质的一种有目的、有计划、有组织的教育过程。它是现代体育的基础，也是现代教育的重要组成部分。

（二）体育的类别

体育一般分为学校体育、社会体育和竞技体育。

1. 学校体育

学校体育是我国各级各类学校的一门必修科目，它是一种按照不同层次学校的不同教育目标，并根据在校学生年龄特征，面向全体学生，通过高校体育课程教学和课余体育锻炼活动，运用各种体育内容与方法，发展学生身体素质，增强学生体质，传授体育的知识、技术和技能，提高学生体育文化素养和终身体育能力，培养学生思想道德素质及意志品质的一种有组织、有计划、有目的的身体教育过程。所以，学校体育是学校教育的重要组成部分，也是全民体育、全民健身的基础。

2. 社会体育

社会体育也被称为群众体育或大众体育，其主要是以健身、健美、休闲、娱乐、保健和康复为目的的群众性体育活动。社会体育的开展有助于活动者的身体、情绪、精神、家庭以及社会的健康。目前国内外经常开展的娱乐体育、余暇体育、养生体育和医疗保健体育均属于此范畴。社会体育的特点是内容丰富多样，表现形式新颖灵活，自愿参加并因人而异，注重实效性，具有广泛的群众性，活动领域遍布整个社会与家庭。

3. 竞技体育

竞技体育也被称为竞技运动或精英体育，其是指运动员根据规则以取胜为目的的竞技性和娱乐性的身体活动，以及为了最大限度地发挥和提高个人和集体在形体、体能、心理和运动能力等方面的潜能，以取得优异成绩为目的而进行的科学的、系统的训练和竞赛。未来，高水平竞技体育将成为一种专业化、职业化的社会体育现象。社会体育是高校体育的延伸，它可使人们的体育生涯得以延续并受益终身。

（三）体育的功能

1. 健身功能

健身功能是体育最外层、最基础的功能，其主要表现在以下几方面：

（1）提高人体心血管系统机能水平。现代科技的飞速发展，导致人们的体力活动大大减少，相当一部分人处于亚健康状态，有人因此出现了所谓的"现代文明病"。"现代文明病"严重威胁着人类的健康和生命，首当其冲的就是心血管系统疾病。有效的体育活动则可以增加脂肪氧化，促进血管的扩张，增强心脏功能等。

（2）调节和保持心理健康。心理健康对人的整体健康具有重要意义。我国古代医学记录了心理对健康的调节作用，现代医学研究也证明，适当的体育活动能够改善焦虑状态，提高心理健康水平。而且，体育活动能够加强人与人之间的交往，促进人与人之间的交流，尤其是一些集体性的体育活动，可以有效改善人的精神和生活状态，使人保持心理上的平衡与健康。

（3）提高呼吸系统机能水平。虽然遗传因素对人的肺活量的影响巨大，但通过后天科学的锻炼能使肺活量提高 30% 左右。体育活动虽然不能有效改变人的肺的容积，但是它可以通过改变呼吸肌的状态和效率，更好地发挥肺本身的能力。体育锻炼对呼吸系统最大的效用是减少肺的剩余容量，提高呼吸效率，进而减缓呼吸系统的衰退。

（4）促进少年儿童骨骼和肌肉的生长发育。少年儿童的身高之所以能够不断成长，主要是因为他们的骺软骨不断增生，而到其骨化完成，人的身高就不再增高了。通过体育锻炼，特别是跳跃、拉伸等类型的运动能够刺激骺软骨的增生，从而促进少年儿童的身高的增长。

（5）延年益寿，提高生活质量。体育锻炼能使人们的身体更健康。事实也证明，当今社会中许多百岁老人的养生之道中很重要的一条经验就是坚持适当的体育锻炼。随着社会生产力的提高，人们的生活条件越来越好，人们的寿命也越来越长。为有效应对人口老龄化，政府应重视为老年人提供参与体育活动的场所和必要的技能辅导，使老年人养成参与健身、乐于健身的习惯。

2.教育功能

（1）传授基本的生活能力。人类生活需要多方面的经验，各类生活技能也需要通过后天习得，如走、跑、跳等。体育是对人类进行综合性教育的一种有效途径，它可以使个人的心智、情绪、动作经验、行为品性等在体育实践活动中得到发展。

（2）传授体育文化知识。体育是人类宝贵的文化遗产，其中有许多内容对体育文化的传承和发展具有重要的作用。体育教育是学校教育的重要组成部分，是有效促进青少年身体素质提升、实现国民素质整体提高的有效途径。体育教育向人们传授了关于身体健康的知识，传授了各种运动项目的规则与方法，培养了青少年正确的体育观和体育意识，使其形成了终身从事体育运动的习惯和方法，为其今后形成健康的生活方式以及正确的世界观、人生观、价值观奠定了基础。

（3）改变与规范人的社会行为。人具有自然属性，离不开现实社会，在一定的社会中，一个人必与社会中的其他人发生关系。体育教育、体育活动可以有效地宣传和传播社会的行为规范和价值观念。在体育活动中，合乎社会要求的行为，大多会被社会认可和接受。反之，就会被社会反对和抵制。

（4）促进爱国主义教育。体育活动，特别是带有比赛性质的体育活动，总会有胜利者和失败者。赛场上比赛的双方代表的不仅是个人，而是代表一个特定的群体或者国家，对大众来说观看比赛不仅是观看竞技水平的高低，了解最后的比赛结果，而是接受了一次生动的爱国主义教育。尤其是奥运会和国际足联世界杯比赛，会将爱国主义推向一个新的高潮。

3.娱乐功能

体育自古以来就有游戏、娱乐的成分。古代音乐与舞蹈等身体活动紧密联系，体育竞技本身也蕴含娱乐的元素。随着科学技术的进步和生产的现代化，人们需要通过各种丰富多样的体育娱乐与休闲运动消除疲劳、愉悦身心、陶冶情操。

体育活动是一种自由的、非日常性和非生产性的活动，并且有一定的竞争性、对抗性和不确定性。站在发展的观点来看体育的娱乐功能，不能仅看到它有消除疲劳、消磨时间的功效，而且应该看到它有着发展自身潜能的作用。

4.政治功能

体育与政治的关系是客观存在的，体育受到政治的制约和影响，为政治服务。在和平年代，体育是政治的延伸。在和平年代，体育竞技比赛就是民族、国家之间的竞争。体育本身是无政治性的，人们通过体育竞技可以自由地交流。来自世界各地的运动员，不分肤色、种族、意识形态，在统一的规则下，紧张激烈而又公平友好地竞争，为相互了解乃至世界和平提供重要条件。

5.经济功能

随着经济的繁荣发展，人们对精神文化的需求日益增长，在社会主义市场经济条件下，体育的经济功能也不断扩大，大型的体育赛事已经成为激活主办国经济的强大动力，体育作为一种产业出现已毋庸置疑。因此，体育在现代社会中也对经济发展发挥了巨大的作用。我国体育产业正处于发展的初期，体育经济已成为现代社会国民经济发展的新的增长点，作为新兴的朝阳产业，其未来在国民经济发展中具有重要的意义。发展体育事业对调整我国的产业结构也有促进作用。体育产业的良性发展，可以带动一批相关产业的发展，为社会提供更多的就业岗位，为我国劳动力市场开辟一个崭新的发展空间。

（四）现代体育的构成

从广义体育的外延来看，它包括学校体育、竞技体育、社会体育，它们共同构成了现代体育。

1.学校体育

学校体育是学校教育内容的重要组成部分，也是全民体育的基础，更是国家体育事业发展的战略重点。学校体育为了达到教育、教养及提高身体素质的总目标，根据学校教育要树立"健康第一"的指导思想，按照学校教育目标和不同年龄阶段的学生身心发展的特点，面向全体学生，通过体育课堂教育、课余体育训练和课外体育活动，运用多种多样的身体练习手段，达到全面发展学生身体、增强体质、传授体育基本技能，全面实现学校体育的各项任务。学校体育作为教育与体育的交叉点和结合部，在贯彻落实党的教育方针的同时，与德育、智育、美育、劳动技术教育等相配合，促进学生素质的全面提高，共同承担培养全面发展的人的任务。

高等职业院校幼儿师范类体育教育同样是学校教育的重要组成部分，在按照学校体育的一般规律促进学生身心发展的同时，还要对其进行幼儿园体育与健康领域的职前训练，为他们将来成为全面发展的合格幼儿教师奠定基础。

2. 竞技体育

竞技体育是指为了战胜对手，以取得优异的运动成绩为目的，最大限度地发挥和提高个人、集体在体格、体能、心理和运动能力等方面的潜力所进行的科学的、系统的训练和竞赛。它包含运动训练和运动竞赛两种形式，具有以下特点：一是能充分调动和发挥运动员的体力、智力、心理等方面的潜力；二是具有激烈的对抗性和竞赛性；三是参加者有充沛的体力和高超的技艺；四是按照统一的规则竞赛，具有国际性，成绩具有公认性；五是具有娱乐性。

竞技运动是整个体育中较活跃、较积极的因素，对推动各项体育运动的发展起着积极的促进作用。

3. 社会体育

社会体育是在社会上广泛开展的体育活动的总称。社会体育是现代社会的一种生活方式，是现代人的一种生活需要，也是提高生活质量、生命质量必不可少的手段之一。它以健身、健美、娱乐、医疗保健为目的，是一种活动内容丰富、表现形式多样、适应性较强、参加人数较多的群众性体育活动。社会体育的主要形式有集体的也有个人的，如锻炼小组、运动队、辅导站、体育之家、体育活动中心、体育俱乐部以及个人自由体育锻炼等。社会体育的对象是广大民众，包括男女老幼及病残者，其活动领域遍及整个社会及家庭。开展群众体育活动应遵循因人、因地、因时制宜和业余、自愿、小型、多样、文明的原则，追求自我教育、精神和情绪的放松以及锻炼效果。因此，广泛开展群众性体育活动是发挥体育的社会功能、提高民族素质和完成体育任务的重要途径。

以上三方面体育因其各自不同的内容和特点，既相互区别又相互联系、相互渗透，它们共同构成了体育的整体。

二、体育在现代生活中的地位和作用

（一）体育在现代生活中的地位

1. 现代生活中的体育

体育对人的身心与行为健康的影响和精神方面的价值，以及提高人的应变能力、生活能力、生存能力、独立意识、竞争精神及个人价值观非常重要。

体育在人类社会中的形成有其历史发展过程，是由竞技体育的技艺特点所决定的。体育在竞技场上的角逐与表演，可以为全世界的观众提供精湛与高超的艺术，使人们的精神得到美的享受，从而为丰富人们的社会文化生活服务。随着市场经济大潮的冲击，体育以其吸引观众的巨大魅力加快了向商业化方向发展的步伐。特别是当人们的生活水平不断提高，以竞技体育为载体的体育经营文化将作为产业化伴随大众消费，来促进各种运动用品、体育器材和装备以及体育传媒、广告、体育彩票、旅游等相关产业的兴起。全民健身与奥运同行，天龙（风筝）、地龙（龙狮）、水龙（龙舟）、信鸽、体育舞蹈、健美比赛等一系列活动，为相关产业的兴起与做大做实奠定了坚实的基础。群众性的社会体育活动，突出了我国全民健身运动的示范性、标志性，也使它们提供的社会服务为发展第三产业创造了有利条件。

2. 现代生活对健康的要求

健康是人类生存与发展最基本的条件，也是创造社会物质文明与精神文明的基础。现代社会，人们对健康的要求有了新的观念。以新技术和产业革命为特征的现代社会，一方面，要求培养出具有开拓精神、知识渊博和身体强健的一代新人；另一方面，随着科学技术的发展而产生劳动方式的变化，也构成了对人们身心健康的严重危害。在现代化的工作环境中，大量地使用自动化机械与工具，使监控、键盘操作类的工作比例加大，全身性身体活动减少，工作性质变得紧张而单调，对工作人群造成了运动不足的精神压力和紧张的情绪。有关资料反映，现代人每天的步行数是50年前的人的50%～60%；也有资料证明，现代都市里的人很难达到维护基本健康的运动量（400～500卡路里）。在一些国家中，由于酗酒、偏食、抽烟、生活不规律、工作压力、盐分摄取过多以及运动不足而引起的"现代文明病"，如糖尿病、腰疼、脑血管疾病、高血压、高血脂、心脏病等的发病率以较快的速度在增长；青少年中的肥胖病也在逐年增多。

在心理方面，由于紧张的工作而造成的各种心理疾病也有增无减。这些都对人们的工作和生活造成了不利的影响。随着我国经济的发展，由于健康原因出现的许多现象已成为人们关注和担忧的社会问题。

3. 现代生活中体育的地位

现代社会使体育在人们生活中的地位越发重要。娱乐体育、休闲体育、保健体育等生活体育的根本宗旨，就是为了提高人们的生活质量，促进人们的身心健康，让人们在选择适合自己个性与爱好的运动项目的同时，寻求一个宽松的运动氛围，用"自由运动"的负荷，达到保持个人精神轻松愉快的锻炼目的。由此来看，体育在现代社会生活中也担负起了维护人们身心健康的重要使命。

（二）体育在现代生活中的作用

体育运动能增强人的体质，提高人的健康水平，是促进人的身体全面发展的积极因素和重要手段。

体育是人类社会发展中根据生产和生活的需要，遵循人体身心的发展规律，以身体练习为基本手段，达到增强体质、提高运动技术水平、进行思想品德教育、丰富社会文化生活而进行的一种有目的、有意识、有组织的社会活动。它的本质是"塑人育心健体，学会生存"。其作用主要有以下几个方面：

1. 体育的教育作用

教育是培养人的社会实践活动。它一方面同客观世界的现实有关，另一方面又同人的心理活动有关。客观世界有真、善、美，人的心理活动有知、情、意，两者相对应，教育也就有了智、德、美三育，即追求真、善、美，强化知（知识）、情（思想感情）、意（意志道德）。但无论从事哪种教育和进行哪方面的普及工作，都必须有一个健康的身体，这样体育也就产生了。体育最初的教育是进行身体的训练和劳动技能的培育，当然也包括一些与天、与地、与人斗争的手段和方法。有人说"体育一道，配德育与智育，而德智皆寄于体，无体是无德智也""体者，载知识之车而寓道德之舍也"①，还有人说"不懂体育就不懂教育"②。

人类教育最早是为了有效地将前人在漫长的、极其残酷的条件下生息、繁衍、渔猎、劳动以及同自然界、生物界搏击的经验和技能传给一代又一代的年轻人。这一人类早期的教育雏形，其内容和手段都是以体育的方式进行的。现代社会又把体育卫生作为社会文化建设的主要内容来建构人的全面发展。因为现在的体育已不仅是促进身体发育、增强人民体质和使人掌握运动技能，而是作为人的终身教育的理念、兴趣和习惯，以提高人类生活的质量和适应现代社会的需要。在传播人体健康的科学知识和教导人们遵守社会规范、发展人际交往、促进人的个体社会化上，同样体现了体育的教育功能。

2. 体育的健身作用

"生命在于运动"，运动使生命增强活力。通过体育锻炼，不仅可以使人们的精神得到愉悦，节律得到调节，中枢神经得到兴奋，消化功能得到增强，还可以使人们延年益寿，增进身心健康，提高工作效率。另外，体育健身还可以提高人体的力量、速度、耐力及协调性等运动素质上，为人们更好地掌握各项运动技术、提高运动能力奠定基础。

3. 体育的娱乐作用

娱乐是人们精神生活的需要，愉悦身心、陶冶情操则是体育的一项作用。体育往往以其动作高难、造型艺术、形式多变、竞争激烈和比赛的不确定性以及适应性强、社会化广的特点，对参与者和观赏者给予一种强烈的感情刺激和感情体验。当人们参与自己所热爱的运动项目，成功地完成了某一动作时，在与同伴紧密配合战胜对手时，在与对手斗智、斗勇、斗体力、拼技术的礼仪化较量时，在挑战自我、战胜自我后的喜悦时，等等，就会得到一种妙不可言的心理满足和心理快感。同时因为自身价值得到了充分展示，增强了自信心和自豪感，精神上也有了极大的愉悦感。同样，在观看优秀运动员的精彩表演时，自己时而屏气凝神地注视，时而情不自禁地欢呼，时而

---

① 崔乐泉.中国体育通史：第3卷[M].北京：人民体育出版社，2008：217-218.
② 邓亚萍.清华学子长跑必须达标 邓亚萍：不懂体育就不懂教育，体育的本质，是人格教育[EB/OL].（2021-05-23）[2022-12-6].https://baijiahao.baidu.com/s?id=17005051101412004497&wfr=spider&for=pc.

如痴如醉地观望，时而欣喜若狂地跳跃，等等，无疑会对消除疲劳、调节烦恼和情绪有积极的效果。体育正是由于它的业余性、文艺性和消遣性，才成为人们消遣、娱乐、聚会、喜庆、调节感情、充实健康文明科学生活的重要手段。

4. 体育的政治作用

体育由于具有群众性、国际性、技艺性和礼仪性的特点，所以能激发人们的爱国热情，振奋民族精神，提高民族威望，增强民族凝聚力和自豪感。大型的体育比赛，可以直接影响国家的声誉、民族的形象。世界上许多国家都把国际体育比赛视为彰显国威、为国争光的舞台。体育对维护世界和平、增进各国人民友谊建立了不朽功勋。例如，中国乒乓球队就打开了中美建交的大门。

5. 体育的经济作用

体育看似不能直接产生经济效益，但它可以提高生产效率，促进社会生产力的发展。各种冠以"杯赛"的体育竞赛活动，往往前台是体育的激烈竞争，后台则是商家的广告大战。随着人们对体育需求的不断增长，体育产业和体育商品也发展起来，还有体育旅游、体育表演、体育建筑及其他体育经营，也都不同程度地刺激了当地的娱乐、饮食、交通、旅游等行业的发展，同时给该国或该地区的电视、广播、纪念品销售、体育彩票发行、商品专利及门票收入带来相当可观的经济效益。此外，大型的体育竞赛还能给人们创造更多的就业机会。1984 年美国举办的第 23 届奥运会，其经济效益高达32.9 亿美元。1990 年我国举办的第 11 届亚运会，不仅提高了我国的国际声望，而且推动了首都各项建设和科技的发展，对整个亚太地区经济的振兴起到了很大的促进作用。

6. 体育的文化作用

体育作为一种社会文化现象，本身就蕴含着丰富的文化内容。例如，奥运会的五环标志象征着五大洲的团结，圣火象征着文明之光，表示着生命、热情和朝气。各届的会徽和吉祥物也都有丰富的寓意和象征性意义。由此可见，体育不只是人的生物体运动，也是人的精神、智力和艺术的展现。丰富的体育人体文化，在对人体解剖结构和生理机能进行积极的生物学改造的同时，给人类劳动自身以极大的美学启迪和熏陶。宏伟壮观的体育建筑、精彩多样的体育设施、绚丽多彩的运动服装，既是人类劳动的产物，也是人类物质文化的结晶。体育运动中的顽强拼搏、勇于进取、公平竞争、团结友谊、爱国主义和国际主义的精神，都是体育文化在人们精神领域里的高度体现。

7.体育的科技作用

体育运动的发展正是得益于人类社会科技的进步，从而形成了一个庞大的体育科学体系。例如，人体解剖、运动医学、运动保健学、运动生物力学、运动生物化学等自然科学，还有体育社会学、体育管理学、体育经济学、体育统计学、运动心理学、体育行为学、体育史学等社会科学。体育得益于科学技术，反过来又为科学技术的发展提供了更加广阔的实验场所。各种新型材料以及电子技术在体育领域里的应用，使体育器材和设施更加科学先进，使竞技体育一次次地打破了"极限"的预言。当前世界各国又把注意力转向了信息学、生物遗传工程、分子生物学、激光技术、纳米技术等高新技术的发展上，期待着它们能为人类的体育发展带来更大的价值。

社会的发展需要人的现代化，而人的现代化，其主要内容是思想文化及身体素质的发展。因此，体育对个体的全面发展也起着重要的作用。

第二节　体育与健康

一、健康的界定

"健康"是当今社会使用频率最高的词语之一，互联网的中文搜索引擎下，"健康"的相关条目数以千万计。可见人们对健康的关注程度之高。

在一定的历史范畴内，健康与特定的社会、环境、经济、文化、伦理道德等密切相关。人们对健康内涵的认识也会随着历史的发展而不断地演进和深化。

古代，人们对生命活动的认识相对较浅，加之社会和医疗条件的落后，其对健康的认识仅局限于没有疾病。随着社会的发展和医学的进步，人们能够使用各种仪器检测，发现身体的生理变化，健康被理解为"器官发育良好，体质健壮，体能充沛"。毋庸置疑，这种建立在生理基础上的生物医学模式是一种巨大的进步，但它忽视了人的心理因素和社会属性。我国学者王萍在《大学体育与健康教育》一书中指出，"健康是人们在身体心情和精神方面都自觉良好、精力充沛的一种状态"[①]。由于不良情绪、精神创伤、恶劣环境等导致的"现代病"愈演愈烈，1948 年世界卫生组织（WHO）提出了新的健康概念：健康不仅是没有疾病和虚弱，而是身体、精神和社会的全部的完善状态。20 世纪末，世界卫生组织又把道德修养纳入了健康的范畴。

世界卫生组织提出了健康的 10 个标志：

（1）精力充沛，能从容不迫地应付日常生活和工作的压力而不感到过分紧张。

（2）处事乐观，态度积极，乐于承担责任，事无巨细不挑剔。

（3）头发有光泽，无头屑。

（4）应变能力强，能适应环境的各种变化。

（5）能抵抗一般性感冒和传染病。

（6）体重正常，身材均匀，站立时头、肩、臂的位置协调。

（7）眼睛明亮，反应敏锐，眼睑不发炎。

（8）牙齿清洁、无空洞、无痛感，龋齿颜色正常，不出血。

（9）善于休息，睡眠良好。

（10）肌肉、皮肤富有弹性，走路轻松有力。

科学不是一个独立变量。它是嵌在社会之中的一个开放系统，由非常稠密的反馈环与社会连接起来，它受到外界环境的有力影响，它的发展是因为文化接受了它的统治思想。[②] 由单一的生理健康观到涵盖生理、心理、社会层面的三维健康观，再到包括躯体健康、心理健康、社会适应健康和道德健康的全面健康观，健康理念在不断变革。随着科技的发展，环境的改变，健康观也被赋予了新的内涵。正如田珊所说的："从完整人的角度来认识，寻求健康是一个不断进行和适应性的过程，而不是一个总能达到或总能保持的静止状态。换言之，健康意味着不断适应变动不止的生物和社会环境。"[③]

二、影响健康的因素

人体的健康受多种因素的影响，这些因素相互渗透、相互制约、相互作用。将这些因素归纳起来，主要可以分为两类：先天因素和后天因素。

---

① 王萍.大学体育与健康教育[M].天津：天津科学技术出版社，2009：8.

② 戈尔.濒临失衡的地球[M].陈嘉映，译.北京：中央编译出版社，1997：237.

③ 田珊.体育运动与人的健康素质初探[J].体育与科学，2003（2）：24-25.

（一）影响健康的先天因素

影响人体健康的先天因素是遗传。遗传是指自然界的生物通过一定的生殖方式，将遗传物质从上代传给下代的一种生物现象。遗传学告诉人们，生殖细胞中染色体和排列其上的脱氧核糖核酸（DNA）携带有遗传信息。遗传信息可以把上代的特征（如肤色、身高、相貌等）传给下一代。当携带的遗传信息基因或染色体异常时，就会引起遗传性疾病。现在已发现多种疾病与遗传有关，如色盲、唇裂、血友病、糖尿病等。

（二）影响健康的后天因素

影响人体健康的后天因素很多，主要有以下几种：

1. 生活习惯因素

良好的生活方式是人体健康与延年益寿的保证，不良的生活方式会导致各种疾病，严重地损害人体的健康与寿命。例如，经常暴饮暴食、营养不合理，容易造成营养过剩从而导致肥胖，使血液中胆固醇含量过高，诱发心脑血管疾病和糖尿病；经常抽烟、酗酒，甚至吸毒，会严重损害神经系统的正常功能；等等。

2. 环境因素

环境因素包括自然因素和社会因素。

自然环境又称物质环境，是指围绕在人类周围的空间客观物质世界，如水、空气、土壤及其他生物等。良好的自然环境与人体保持着一种平衡关系，对人体健康有促进作用。但是近年来随着人们对经济利益的过分追求，导致了自然环境的污染和恶化，如乱砍滥伐森林、植被面积大幅度减少、工厂废气、汽车尾气、噪声等，这些都对人体的健康有损害作用。

社会环境又称非物质环境，是指人类在生产、生活和社会交往活动中相互间形成的生产关系、阶级关系和社会关系等。在社会环境中有诸多的因素与人体健康有关，如社会制度、经济状况、人口状况、文化教育水平等。安定的社会、良好的教育、发达的科学技术等，无疑会对健康起到良好的促进作用；反之，则可能会影响健康。

3. 心理调节能力因素

人的心理活动对人体健康的影响已引起人们的重视。人的心理活动是客观存在的，是人的大脑对社会客观现实的反映。积极的情绪对健康有良好的促进作用，能改善大脑功能，增强机体免疫力，使人感到精力充沛；消极的情绪则与疾病的发生和发展有密切联系。如果人经常处于闷闷不乐、忧虑、紧张压抑的精神状态，会导致躯体生命系统整体功能的失调而引起各种疾病损害身心健康。

4. 营养饮食因素

营养与健康有密切的关系。一方面，合理的营养是人体正常生长发育的基础，也是增进健康、防治疾病的有效手段之一；另一方面，如果营养摄入不足或不全面，会导致各种营养缺乏病，如缺铁性贫血、维生素 A 或维生素 B 缺乏症等，如果营养摄入量过度或失调又会导致"现代文明病"，如心血管疾病、糖尿病、肥胖症等。因此，人们必须科学合理地摄入营养，使日常饮食尽量符合营养科学、合理的要求，保证身体健康的需要。

5. 科学运动因素

现代科学研究证明，人体通过运动可使形态和机能产生一系列的适应性变化。联合国教科文组织颁布的《体育运动国际宪章》中指出，体育是提高生活质量的手段，能培养人类的价值观念。适宜的体育活动对人类的健康起着重要的作用：促进生长发育，提高免疫功能，改善神经系统的均衡性和灵活性，使心肺功能得到增强，预防和推迟病变，增进健康，延缓衰老。

6. 健康认识因素

健康意识是指人们在生活、工作、学习等活动的过程中，对健康及其重要性的认识，以及由此产生的思想理念和心理活动的综合体现。

现在大部分人对健康的理解存在误区，对自身的亚健康状态认识不足。多数人只有在身体有明显的病态表现以后，才会意识到身体出现了问题。因此，帮助人们建立正确的健康观念，提高人们的主观认知，对身体健康会产生积极的、良好的影响。

三、第三状态：亚健康

亚健康也称中介状态、病前状态、亚疾病状态、半健康状态、灰色状态、临床前状态等，世界卫生组织称其为"第三状态"。

（一）亚健康的概念与内涵

现如今，随着生活质量的提升，人们对健康和疾病的关注也越来越多，但被问到有关亚健康的话题时，大多数人却还是一脸茫然。其实，亚健康可以说是存在于我们大部分人当中，它的临床表现也呈现出多样化的特点。

亚健康这一概念，最初是由布赫曼教授于 20 世纪 80 年代提出的，后由美国疾病控制和预防中心在 1994 年正式命名，也可称作慢性疲劳综合征（chronic fatigue syndrome，CFS），即人体除了健康状态和疾病状态之外，还存在着一种非健康非疾病的中间状态，称为"第三状态"。1996 年 5 月 12 日，中国药学会在北京召开"亚健康学术研讨会"，将这种状态确定为"亚健康状态"，有了"亚健康状态"这个名称。亚健康是国际医学界的医学新思维，它是指机体在无器质性病变情况下发生了一些功能性改变，因其主诉症状多种多样，且不固定，也被称为"不定陈述综合征"。在以往的文献当中，不同的专家、学者对亚健康的概念也有着各自不同的诠释，主要内容如下：

首先，所谓亚健康状态，即第三状态，指在健康与患病之外，还有相当一部分人在不同程度上处于不完全健康状态，但没有患病，既不是健康，也不是患病的中间状态。这些人虽然仍可从事某项工作，但由于他们在身体、心理、与人交往等方面的问题，其工作效率非常低下。

其次，"亚健康状态"主要表现为长期持续的疲劳、失眠多梦、四肢无力、经常性地感冒、无名低热、害怕见到人群、记忆力减退、暴躁易怒等。根据亚健康的表现主要分为躯体亚健康、心理亚健康、社会关系亚健康三类。躯体亚健康主要表现为身体疲劳、失眠、食欲不振、肌肉疼痛、呼吸不畅、体重减轻、脱发明显、手脚冰凉、头晕目眩、经常感冒等；心理亚健康主要表现为压抑、烦躁、自卑、恐慌、焦虑、疲惫、苦闷等；社会关系亚健康主要表现为师生关系、同学关系、朋友关系等的不协调。

最后，亚健康一般于 20～50 岁发病。根据其严重程度分为轻度、中度、重度三个阶段，轻度亚健康主要表现为失眠、多梦等；中度亚健康主要表现为记忆力减退、反应能力下降、免疫能力下降等；重度亚健康已接近疾病边缘。

综上所述，亚健康是指介于疾病和非疾病之间的第三状态，它并无病理上的明显特征，却已严重地影响了人们的工作、学习、日常生活，并且在人群当中的覆盖率较高。

（二）亚健康的特点与分类

1. 亚健康的特点

由于人们年龄、健康状态、适应能力、免疫力、生活环境、遗传因素等方面的不同，亚健康的表现形式也错综复杂。一般来讲，亚健康具有以下特点：

（1）身体疲劳乏力、易累、肌无力，体力活动后全身不适，体力难以恢复。

（2）体质虚弱、免疫功能低下，易患感冒、咽喉不适、口腔黏膜溃疡等。

（3）胃肠功能紊乱、食欲不振。

（4）关节痛、肌痛、头痛、淋巴结肿痛、胸闷、心悸、气短。

（5）失眠或嗜睡。

（6）健忘、头脑不清醒、记忆力下降。

（7）精神不振、情绪低落、对事物缺乏兴趣、抑郁寡欢、常常感到孤独无助。

（8）烦躁、情绪不稳定、紧张、易怒、焦虑等。

（9）对环境的适应能力和反应能力减退、人际关系不协调、家庭关系不和谐。

（10）眼睛易疲劳、视物模糊。

2. 亚健康的分类

亚健康是人体异常的客观呈现，其症状往往与个体的身体状态和社会环境因素相连，其表现有时是一种单一的身体不适，有时也可严重到身体全面的异常反应，呈现多种不通的典型症状。

现代医学认为亚健康状态在临床上常常呈现出身体的一些异常，也伴随着精神、胃肠、心血管和肌肉等异常症状。周英等将其症状概括为"一多三少"，即疲劳多，活力减退，反应能力和适应能力减退。①

根据世界卫生组织的健康理念，结合我国医务工作者的一些临床实务，笔者将亚健康状态分为以下类型：

第一，总体性亚健康。即由于各种因工作、日常生活、社会关系处理等方面的原因而导致个体的身心方面出现一系列与正常时期不同的反应特质，具体表现为身体某方面的不适、心理方面的非正常状态、社会关系处理上的困难等问题。第二，生理性亚健康。即由于长期营养不良、过度劳累、压力较大等引起的失眠、身体疲劳、乏力、头昏、周身不适、健忘、消化不良、多梦、食欲不振、抵抗力较差、月经周期紊乱等非正常的身体症状。第三，心理性亚健康。即因外界压力或不确定性因素等引起的经常性的情绪低落、情感障碍、焦虑烦躁等心理状态。在日常工作生活中常表现为萎靡、自卑、孤独、冷漠等。第四，社会适应性亚健康。身体、心理等亚健康状态极易表现为社会适应性的困难，导致人们社会性行为的退缩或困惑，在临床上具体表现为精神高度紧张、极易敏感、人际关系难以维系或难以较好处理，乃至无法进行正常的社会活动等。

当今社会，生活节奏越来越快，社会竞争不断加剧，人与人之间的关系趋于紧张，日常生活中的各种压力和风险也在不断加大。因此，人们更应注意自己的身体状况，养成良好的生活习惯和体育锻炼、饮食养生等健康新思维。

（三）造成亚健康的因素与主要防治方法

1.造成亚健康的因素

亚健康是由于社会、心理、生物、环境和生活方式等方面的不良因素作用于机体，使人体的神经、免疫、细胞因子、内分泌系统的功能紊乱，机体整体功能失调的一种状态。

（1）过大的身体及心理压力。这种压力包括身体和心理两方面的压力。身体方面的压力主要表现为长期超负荷工作、学习，睡眠不足，疲劳得不到及时消除而导致过劳；心理方面的压力主要表现为激烈的竞争使人精神高度紧张、精疲力竭，从而使身心过度劳累。研究表明，长期的紧张和压力对健

---

①　周英，尤黎明，张晋碚，等.产生亚健康状态的原因及应对措施[J].中国健康教育，2002，18（11）：714-715.

康有较大危害：引发急性或慢性应激反应，直接损害心血管和胃肠系统，造成应激性溃疡和血压升高，引发心血管疾病；造成脑应激疲劳和认知功能下降；破坏生物钟，影响睡眠；免疫功能下降，导致感染疾病的概率增加。

（2）紧张的人际关系。社会生活日益复杂和多变，使人与人之间的情感淡薄，缺乏情感交流，交往趋于表面化、形式化和物质化，情感受挫的机会增多，对情感生活的信心下降，孤独成为人们在情感方面的突出体验，缺乏亲密的社会关系和友谊，使人们感到无聊、无助和烦恼。大量证据表明，缺乏社会支持是导致心理和躯体障碍的一个重要因素。

（3）不良生活习惯。疲于奔波、应酬，辛劳过度，睡眠失调，生活不规律；吸烟、酗酒及其他不良嗜好；高热量、高脂肪及不均衡膳食结构和不良饮食习惯；体力活动少特别是运动不足；等等。这些是造成亚健康的主要原因。

（4）日常环境污染。生活中由于环境污染导致亚健康的情况日益增多。如水质污染、食品污染、空气污染、噪声污染、微波污染及其他化学、物理因素污染等，这些污染都是身体健康的隐形杀手。此外，环境污染严重，生存空间过于狭小，使空气中的负氧离子浓度降低。长期处于这种环境中，人体血液中氧浓度和组织细胞对氧的利用率也会降低，影响组织细胞的正常生理功能，从而使人感到心情郁闷、烦躁。

2. 亚健康的主要防治方法

（1）传统医学（中医）对亚健康的防治。中医学以阴阳、五行、脏腑、气血、经络等为理论基础，通过"望、闻、问、切"四诊合参的方法探求病因、病位，分析病机及人体内五脏六腑、经络关节、气血津液的变化，判断邪正消长，进而得出病名。对于病症的直观观察，使传统中医在防治亚健康方面得到了更好的发挥。

庞军等在《广西部分城市 1467 例亚健康人群中医证候分布规律流行病学调查》中表示，亚健康中的疲劳症状与缺血、思虑太过和精神紧张密切相关，并且主要与心脏、肝脏和脾脏有关。

在亚健康的防治方面，中医发挥了不可替代的作用。艾灸在中国已有数千年的历史。早在春秋战国时期，人们就开始广泛使用艾灸，如《孟子·离娄上》就有"犹七年之病求三年之艾也"的记载，艾灸可通过刺激经络来调节脏腑组织功能，泄其有余、补其不足，从而调节身体的阴阳平衡。

因为亚健康的起因和临床表现多种多样，这也就决定了针对它的治疗方法要变通灵活，这正好与中医的医疗理念相契合，中医作为我国医学上的文化瑰宝，经受住了时间的考验，中医治疗手段的多样性、自然性，值得我们借鉴与学习。在这一点上，中医与西医有着很大的不同，西医虽然见效快，但往往有一定的不良反应，这对亚健康这一处于健康和疾病之间的状态的影响是不言而喻的，中医文化中的"平衡思维"及"辨证思维"都使其在防治亚健康上真正做到了利用天时地利人和，全方位地分析病症，从而在一定程度上做到了防病于未然、无病则健体的效果。

（2）体育运动对亚健康的影响。亚健康是一种处于健康和疾病之间的游移状态，该状态下的人虽然没有确切的疾病，但是精神活力和适应能力低于健康者，若不及时纠正，疾病发生率将会增高。南京中医药大学的耿元卿、王旭东认为，八段锦功法是一种自我身心锻炼方法，作用在于"动中求静"，肢体的运动与意念的宁静合二为一，通过自我调节，平衡精神情绪，达到祛病防病、延年益寿的作用。此外，八段锦功法还能起到调整人体不良情绪，调节心理亚健康状态的作用。①

刘巍、唐章文、武磊认为，运动健身是健康生活方式中最为重要的一环，体育锻炼既是一种身体活动，也是一种心理活动，因此体育锻炼不仅有益于身体健康，而且也益于心理健康，对预防和改善"亚健康"的水平具有重要的意义。②

王浩认为，通过不同项目的体育锻炼可以使人的力量素质、速度素质、耐力素质、柔韧素质、协调素质等得到改善。体育锻炼能更好地促进人的认知能力、情感过程，增强意志力，促进人格的全面发展，矫正人的某些心理缺陷，减缓心理衰老。③

在亚健康的防治方面，我国研究的时间要远远领先于其他国家，但所涉及的防治方法多为养生、休闲类，而对高强度、竞争性强的体育运动项目锻炼的研究相对较少，这也与本国的传统文化、儒家文化特点有一定的关系。

① 耿元卿，王旭东.从五脏主情志论八段锦对心理亚健康的调节作用[J].中华中医药杂志，2008，23（4）：348-349.
② 刘巍，唐章文，武磊.浅谈体育运动与亚健康[J].体育世界（学术版），2009（8）：47-48.
③ 王浩.体育锻炼对改善大学生亚健康状态作用的研究[J].黑河学院学报，2011，2（1）：35-37.

（四）学生亚健康状态的改善对策

1. 体育干预是解决学生亚健康状态最有效的途径

（1）学生亚健康状态的体育教育干预。多数高校学生参与体育活动和体育锻炼的主要途径是体育教学课程、运动队训练、竞赛、课外体育活动和体育社团组织。参与的方式一般以学校统一组织、个人或社团为主。通过体育教学和相关活动，不仅能使在校学生强健体魄，而且能帮助学生全面综合发展。但诸多的研究表明，当前很多高校的体育教学存在诸如体育活动场地有限、体育教学设施不完备、体育教学手段单一、课程内容设计陈旧等问题，导致学生不爱上体育课，对体育健身事项不感兴趣。因此，本书认为为全面提升在校学生的身体素质乃至整体素质，高校的体育教学活动应该从以下方面入手：

①建立健全完备的体育体系保障。高校体育教学是学生素质教育的一部分，对学生的全面成长和综合性发展具有重要的意义。在此过程中，教育工作者应该改革现有的体育教学理念，优化整合现有的体育教学资源，创新体育教学手段和方式，以提高学生对体育课的热情和兴趣，促使其能够主动积极地参与体育健康运动，形成终身体育的思想，确立健康体育养生的方式，强健体格，完善心理。

首先，教育工作者应形成特色鲜明的体育教学的课程群和课程内容设置；其次，教育工作者应针对学生的身心发展特点，设计形式多样、行之有效的体育教学手段；再次，教育工作者应在具体的体育教学实践中，注重理论与实践的结合，在实践中形成或提升高校体育教学的具体方法，较为明晰地形成和确定适合不同年级、不同性别，乃至不同学科学生特点的体育教学体系；最后，教育工作者应在实践基础上，形成一整套行之有效的体育教学的评价体系，并在具体的体育教学中去检验进而完善这一套体系。

②建立学校体育、社会体育、家庭体育有效的交流平台，形成一体化的体育教育体系。学生的体育教学是一项系统性工作，需要方方面面的配合和协调，尤其是如何养成学生对参加体育课的兴趣和热情，需要社会的关注以及家庭的参与。因此，人们应该充分利用现代较为发达的传媒体系，如微信、微博、腾讯QQ、校园广播、影视宣传以及传统媒介等，打造一个学校体育、社会体育、家庭体育有机结合的交流平台，使学生能在学校学习期间多接触社会体育，从而提高他们的社会适应能力。

首先，利用网络平台，建立现代高校体育教学视频资源，使学生能够方便地获取各类体育项目的资源和最新信息，以形成资源的有效共享；其次，尽可能开放各类社会户外活动场所，如体育场馆、健身器材等，使人们在闲暇时间能够方便地使用各类体育场馆和器材，形成一种体育锻炼的社会氛围；最后，完善家庭体育构成，使学生从小就养成体育锻炼和健身的习惯，形成健康生活的理念，再通过学校体育使之完善，这对学生增强体质、促进其身心健康发展具有重要意义。

（2）学生亚健康状态的群体性体育运动干预。群体性体育运动因其参与人数较多、影响范围较广而能够产生一般的体育教学和业余的体育运动锻炼所不能及的效果，通过在高校推广诸如阳光体育运动等群体性体育运动的形式，营造良好的校园文化氛围，能使在校学生真正走出寝室、远离网络游戏，积极投身校园的体育锻炼，进而形成一种体育锻炼的习惯。这样通过朋辈群体的相互吸引和学习模仿，可以使高校校园里的体育运动锻炼成为人们追逐的生活时尚。

①加强体育锻炼宣传力度，形成浓厚的体育锻炼氛围。首先，利用校园的黑板报、展板、条幅等宣传手段，向在校学生介绍各类体育运动锻炼的意义和作用，引导在校学生多关注自身的亚健康问题，并提供一系列体育运动干预的对策措施；其次，利用图书馆、知识讲堂、多媒体校园网络等介绍和宣传各类体育运动锻炼的技巧和方法，多通过实景性或动态性讲解或演示，生动形象地向在校学生推介适合其兴趣爱好和身体状况的体育锻炼运动；最后，通过一些体育项目的推广和引介，培养各种不同类型的体育课程运动社团，通过团体及其成员的共同努力，使体育运动锻炼成为一种校园文化，成为当代年轻人的一种时尚生活方式。

②推广阳光体育运动，办好各种不同类型的群体性体育运动。首先，按照国家及各地方高校的阳光体育锻炼规划，认真完成每年的体育运动既定项目，既要做好项目开展前的准备工作，也要做好项目的具体组织实施工作，以保障项目真正发挥其设计之初的作用；其次，积极鼓励学生参与阳光体育运动，高校通过制订一系列有针对性的体育锻炼计划和教学时间安排规划，引导在校学生的体育锻炼认知和行为；最后，建议部分条件成熟的高校可以尝试把阳光体育锻炼纳入学生的年度考评，通过制定切实可行的可以量化操作的细则具体推广实施。

（3）积极开展形式多样的余暇体育，丰富学生的课余文化生活。学校可以根据学生的需要多组织一些强度适宜、规模小、可操作性强、大家喜闻乐见的体育活动，使广大学子积极参与体育娱乐，满足他们对体育的需要。

①开展形式多样的课外体育活动，丰富学生的业余文化生活。首先，积极引导学生组建或参加各种体育活动项目的社团，通过有组织的社团活动，既能吸引一部分原来游离于社团之外的学生积极进行体育锻炼，又能通过社团活动督促社团成员坚持体育锻炼和各类健身活动；其次，设计各种类型的体育活动项目和体育健身活动，调动不同年级、不同性别、不同学科的学生养成体育锻炼的习惯，使他们在繁重的学业和就业压力中能够有效地缓解压力，愉悦心情；最后，把体育锻炼或各类健身活动纳入对学生综合能力测评的一项重要内容，在高校条件允许的情况下尽可能地为学生提供各类参与体育锻炼的机会，以吸纳尽可能多的在校学生投身课外体育活动。

②提升学生参与体育运动的兴趣。首先，学校应根据学生的实际情况和兴趣，有针对性地制订切实可行的业余体育活动锻炼计划，并设计一些简单易行的测评方法；其次，通过校园宣传和各类体育赛事的渲染，形成体育健身的环境氛围，让学生认识到体育锻炼是一种非常时尚的活动，并不是谈论网游或偶像剧才是时尚；最后，积极引导学生从根本上认识健康的重要性，本着对家庭、社会和自我负责的精神，去除不良嗜好，养成好的生活习惯，积极参与体育锻炼，使其机体精力充沛，增强适应能力，真正意义上从亚健康状态中走出来。

2.合理安排作息时间，科学调控情绪

合理安排作息、调整好睡眠时间是健康的根本保证。但是一些高校学生普遍缺乏体育锻炼，因此笔者认为学生应合理规划好作息时间和体育锻炼，教育工作者应引导学生科学地调控情绪，处理好学习、生活、工作遇到的各种问题，使学生真正做到学习和健康两不误。

首先，学生要学会正确、客观地评价和认识自己，学会在日常的学习和生活中去调适，用积极正向的态度面对各种外在的挑战，尤其当自身处于亚健康状态时，能够积极学会怎样去解决，学会用不同手段去改善，以使自己能够尽快走出亚健康，努力向健康状态过渡；其次，学生要保证充足的睡眠，让身体在休息时得到恢复，因为睡眠和健康是息息相关的，睡眠对改善亚健康状态具有积极促进的作用；最后，学生要注意养成良好的生活习惯，学会调适心情，陶冶情操，在各种户外活动和积极的人际交往中发现新的自我，促进自身更好的成长。

3. 加强校园文化建设，营造健康和谐的学习生活环境

学校是一个年轻而又具有活力的地方，多彩的校园生活是学生施展才华的平台，也是其学习知识、同他人互动交流最主要的场所。通过各种校园活动，学生可以在活动中享受校园环境带给自己的快乐，从而缓解疲劳、失落和孤独的感觉。因此，高校要重视开展形式多样的校园文化生活，营造丰富多彩的校园生活。校园人文环境更需要时间积累和人为营造，一所好学校不仅需要好的硬件设施，还需要校园文化这种软实力。创造校园文化，为学生身心健康营造出良好的校园文化氛围需要多方面的建设，需要大家共同的努力。校园是学生学习和生活的主要场所，学校要为学生营造一个温馨的学习环境，以及优化校园环境，为学生提供舒适祥和的校园环境。

4. 学校进行科学性的就业指导

人们都渴望有个健康的身体，健康的身体是学生学业的基础，而当前学生的"亚健康"状态是客观存在且不可忽视的。目前学生普遍存在的问题包括就业压力大、学习任务繁重、岗位竞争激烈、学生承受着身心的双重压力等，总体健康状况不容乐观。在当前社会快节奏的生活中，就业形势的严峻、紧张的工作状态、超负荷的工作量、复杂的人际关系，容易诱发亚健康状态。因此，学生在就业中要对自己准确定位，合理面对遇到的问题，及时疏导避免心理负担过重，使自己能够从容应对就业压力。

5. 合理支配生活费用

进入校园之后，离开父母，生活费是绝大部分学生最主要的经济来源，由于家庭经济状况和家庭环境的不同，每个学生的生活费多少也有差异，花钱的理念也大不相同。有的学生从小养成了勤俭节约的习惯，会理财，每一项经费都有明确的去向和规划，到月底会有结余，将钱存起来以备他用。然而，有的学生因为从小被父母娇惯，没能养成较好的生活习惯，对花钱没有一个量度，不能合理支配生活费，造成月末经费紧缺，东拼西凑。生活费的不合理支配会给学生的饮食起居造成影响，更重要的是会给学生的心理带来一种恐慌和自卑，这些因素也会造成学生处于亚健康状态。因此，如何合理使用生活费对学生来说至关重要，学生应明确自己每日生活费的开支，学会记账，将有限的生活费充分地利用。对于家庭条件不是很好的学生来说，可以申请参加勤工俭学补充自己的生活所需，这样可以有效降低学生处于亚健

康状态的概率。

6. 分配好课余时间

高校学习期间是人生中可利用闲暇时间最多的时期，但也是很容易被荒废的时期。如何利用这几年的时间充实自己非常重要。因此，学生要努力学习文化知识，保证学习的时间，每天按时起床，按时上课，按时完成作业，这样不仅可以调节生物钟，还会让生活变得有规律。除了学好必修课程之外，学生还应适当参加社团活动和社会实践活动，一方面丰富自己的学习生活，另一方面可以交到很多朋友，提升自己的能力，为自己将来进入社会提供一定的经验。研究发现，参加活动可以调整心态，使心情处于较为愉悦的状态，降低亚健康状况发生的概率。

四、体育锻炼和健康维护的关系

（一）体育锻炼决定人体生理基础

1. 体育锻炼促进神经系统机能的提高

神经系统包括大脑、脊髓和神经。长时间的脑力劳动，会使大脑因供血不足和缺氧而导致头昏脑涨。进行体育锻炼，尤其是在新鲜的空气中做运动，可以有效改善大脑的供血情况，使大脑消除疲劳，恢复活力。进行体育锻炼还可以延缓脑细胞的衰亡过程，保持大脑的"年轻态"。

体育锻炼还可以改善神经系统的调节功能，提高其对复杂变化的判断和反应能力，并及时做出协调、准确、迅速的应对。经常参加体育锻炼能够加强神经系统兴奋和抑制的交替转移过程，从而改善大脑皮层神经系统的均衡性和准确性，提高脑细胞工作的灵活性、协调性、反应速度、耐受能力等。如果缺乏必要的体育活动，大脑皮层的兴奋性将会下降，导致平衡失调，甚至引发某些疾病。

2. 体育锻炼有益于循环系统机能

循环系统由静脉、动脉和毛细血管组成，它在心脏的驱动下为人体各个部位提供氧气和各种养料。

（1）经常从事体育锻炼能使心肌细胞内的蛋白质合成增加，心肌纤维增粗，心壁增厚，心肌力量增强，每搏输出量加大，使血液的数量增加并提高质量。研究表明，在安静状态下，健康成人心脏的每搏输出量为 70 毫升，而经常运动的人心脏的每搏输出量可达 90 毫升。

（2）体育锻炼可以增加血管壁的弹性，促使大量毛细血管开放，加快能量供应，提高新陈代谢。

（3）体育锻炼可以降低血脂含量，改变血脂质量，在遏制肥胖、健美形体的同时，能有效地预防冠心病、高血压和动脉粥样硬化等疾病。

（4）体育锻炼可以降低血压，舒缓心搏，预防心血管疾病。病理学家通过解剖发现，经常运动的人患动脉硬化的比例要远远低于不常运动的人。

3. 体育锻炼有利于提高运动系统的机能

运动系统由骨、骨连结和骨骼肌组成，它支撑起身体，并保护各器官的系统运作。体育锻炼能够增强运动系统的准确性和协调性，保持较好的灵活性，使人有条不紊、准确敏捷地完成各种复杂的动作。

体育锻炼可使骨密质增厚，骨小梁排列更加规则整齐，促使青少年骨的长径生长速度加快，直径增大，提高骨的坚固性和抗弯、抗断、抗压能力。同时，可促进骨骼中钙的储存，预防骨质疏松。

体育锻炼可使肌肉的效能增强，使肌肉更加粗壮、结实、发达而有力。具体表现为肌红蛋白和肌糖原的数量增加，肌纤维增粗，肌肉体积增大，肌肉的收缩力量加强，速度增快，弹性提高，耐力持久。

经常性的体育锻炼还可以增强关节周围肌肉的力量和韧带的柔韧性，从而扩大关节活动的幅度和牢固程度，减少各种外伤和关节损伤。

4. 体育锻炼有利于改善呼吸系统的机能

呼吸系统由呼吸道（鼻、咽、喉、气管和支气管）和肺组成。体育锻炼可以增加肺活量（人体尽全力吸气后再尽力呼出的气体总量）和肺通气量（每分钟尽力呼出或吸入肺内的气体总量）。经常参加体育锻炼，特别是做一些伸展扩胸运动，可使呼吸肌力量增强，胸廓扩大，有利于肺组织的生长发育和肺的扩张，使肺活量增加。同时，体育锻炼时需要大量地吸入氧气和排出二氧化碳，这就要求呼吸肌加强收缩，使肺泡充分张开，加深呼吸的深度，从而有效地增加肺的通气效率，使人体能够承受更大强度的运动量。实验证实，经常参加体育锻炼的人，肺活量可增加 1000 毫升左右，肺通气量可达 10 升 / 分以上，均高于一般人。

5.体育锻炼有利于提升免疫系统的机能

体育锻炼本身是一种运动负荷的刺激，反复刺激后身体的各个系统就会产生形态及功能的适应性变化。在这种应激与适应的生理反应过程中，免疫机能也会相应地提高。

6.体育锻炼有利于增强消化系统的功能

经常进行体育锻炼能促进胃肠蠕动，增加消化液分泌。运动中肌肉的收缩和舒张能对胃肠起到按摩作用，在提高食欲的同时增强吸收能力。

但应注意，不宜在饭后即刻进行体育活动或剧烈运动后马上就餐，运动和吃饭之间要有一定的间隔休息。一般认为，运动后至少休息 30～40 分钟再进食，或饭后间隔约 1.5 小时再进行运动较为科学。

运动时，人体在中枢神经系统的调节下，对全身的血液进行重新分配，以保证对肌肉骨骼营养物质和氧气的供应。此时管理消化的神经尚处于抑制状态，消化腺的分泌减少，胃肠蠕动减弱。运动越剧烈，持续时间越长，消化器官就越需要时间来进行恢复。

同样，如果饭后立即参加剧烈运动，就会使正在参与胃肠消化和吸收的血液又重新分配，流向肌肉和骨骼，从而影响胃肠机能，甚至可能因为胃肠的震动和肠系膜的牵扯而引起腹痛及不适感，影响人体的健康。

（二）体育锻炼构建人体心理健康

心理健康又称精神健康，指的是人能积极调节自己的心理状态，适应环境（包括自身环境、自然环境与社会环境），有效地、富有建设性地发展和完善个人生活。其包括 5 个方面：①智力发育正常。②情绪稳定、乐观进取。③意志坚定、行为协调。④人格健全、自我悦纳。⑤良好的社会适应性。心理健康的人能够随外部环境的变化而不断调整自身的心理结构以维持内外的平衡。

1.体育锻炼有改善心理健康的作用

体育锻炼是改善心理环境、增强心理健康的重要手段之一。研究表明，有氧练习和力量、灵敏性练习均可改善人的心理健康水平，长期进行体育锻炼和长期进行渐进性放松练习均可降低人的焦虑水平。体育锻炼作为一种发泄口，可将各种烦恼、焦虑、不安等情绪发泄出去，从而使心理得到平衡，增进心理健康。

体育锻炼能消除人的紧张情绪，发泄内心的冲动、烦闷和枯燥，提高人的自信心和责任感，满足人与人之间交往的需要，磨炼人的性格和意志。经常参加体育锻炼，能有效地放松紧张的精神状态，改善人的自我感觉，消除沮丧和失望情绪，这是保持和增进心理健康、消除心理疾病的重要方法。

体育锻炼是一种低消费支出、低风险和低不良反应的有效改善心理健康的手段，它对人们心理健康的积极影响表现为改善情绪状态。体育锻炼能直接给人们带来愉快和喜悦的感受，并能降低紧张和不安的情绪，从而改善心理健康状况，培养坚强意志和良好的适应能力。

体育锻炼作为一种具有丰富强烈的情绪体验的活动，是帮助人们克服困难、培养坚强意志、获得奋发进取精神的有效手段。通过体育竞赛，可使人们增强自信，自我激励，争取不断地超越他人、超越自我，获得奋进向上的积极情绪体验。体育竞赛总是伴随着成功与失败，它可以增强人们承受挫折与失败及克服困难的能力，能培养不屈不挠的意志品质，消除可能存在的心理障碍，促进心理健康。体育锻炼能够调节情绪，改善人际关系，有助于人们摆脱压抑、悲观等消极情绪，降低焦虑、忧郁等心理障碍的程度，从而形成健康的心理，增进身心健康。

2. 体育锻炼有利于产生良好的心理效应的因素体现

（1）主动的心理意识。参与体育锻炼有主动和被动两种方式。若是被动参与，自己并没有锻炼的意识和兴趣，将不能很好地达到锻炼效果，而且抵触心理还会给心理健康带来不良影响。积极主动地参与，有自己锻炼的目的，如获得健康、塑造体形、放松心情等，这样就有了锻炼的目标，也能更好地获得想要的锻炼效果。锻炼的意识越强，目的越明确，产生的心理效果也就越好。

（2）科学的运动强度。适度的体育锻炼有利于个人的心理健康，而过度运动和身心的耗竭会对心理健康产生不利影响。当情境对训练者提出过高的要求，而且超出训练者所能达到的标准时，就会出现过度疲劳，从而导致运动者的身心耗竭、身体机能下降，心理上也会出现压抑、疲劳、焦虑、易怒、情绪不稳、精力不集中等症状。所以，体育锻炼的强度对于锻炼者来说很重要，要想达到健康的目的就要把握好运动的强度。

（3）愉悦的运动过程。喜爱运动并从中获得乐趣，可以产生良好的心理效果。运动愉快感是在运动瞬间体验到的，通常是不可预料地突然出现。调查表明，由于缺乏运动愉快感，多于 50% 的人在获得理想的健康效果之前就放弃了运动。因此，人们在选择体育运动项目时要结合自己的体育兴趣和爱好，使其成为一种稳定的、健康的生活方式，这样才能达到锻炼的目的。

（4）良好的运动环境。运动环境包括社会环境和自然环境，运动环境会影响体育锻炼的心理效应。运动中的社会环境有体育锻炼的指导者、同伴、家长和观众等。在锻炼中有固定的伙伴，得到同伴的支持与认可可以获得良好的心理效果。体育活动时的自然环境包括阳光、空气和水。清新的空气能令人心旷神怡，会使运动者产生愉快的心情，达到锻炼的目的，促进心理健康。

第三节　体育文化

一、体育文化概述

（一）体育文化的定义与必要性

1. 体育文化的定义

（1）体育文化及其要素界定。文化是人类社会最为重要也是理解最具歧义的一个概念。英国人类学家泰勒在《原始文化》中对文化的界定被学界广泛引用："文化或文明，就其广泛的民族学意义来讲，是一个复合整体，包括知识、信仰、艺术、道德、法律、习俗以及作为社会成员的人所习得的其他一切能力和习惯。"泰勒的文化概念囊括了物质技术、社会规范和观念精神等人类的所有创造物，虽然颇具影响，但因其太过繁杂，个性不彰，这种广义的文化界定为后人所诟病。例如，美国学者亨廷顿和哈里森在《文化的重要作用》中就批评道："文化若是无所不包，就什么也说明不了。"亨廷顿和哈里森从纯主观的角度切入，认为文化是"指一个社会中的价值观、态度、信念、取向以及人们普遍持有的见解"。美国文化学者格尔茨也认为泰勒的文化概念"模糊之处大大多于所昭示的东西"，也主张代之以狭义的、专门化的，也是理论上更为有力的文化概念。[1] 格尔茨赞同韦伯的观点。他说："韦伯提出，人是悬在

---

[1]　格尔茨. 文化的解释 [M]. 韩莉，译. 南京：译林出版社，2014：4-5.

由他自己所编织的意义之网中的动物，我本人也持相同的观点。于是，我以为所谓文化就是这样一些由人自己编织的意义之网。"①

的确，如果文化什么都是，那它就什么都不是。学界对泰勒文化概念的批评切中肯綮。然而，狭义的文化概念也需要清晰而明确的表述。中国学者何传启"着眼于操作层面"对文化的界定颇具新意，他认为："文化是影响和解释人类生活方式的知识、制度和观念的复合体，是人类对真、善、美的追求和体现。文化复合体是一个有机整体，其中，知识是文化的基础，制度是文化的核心，观念是文化的灵魂。"②

这一文化概念的表述简明而清晰，但对文化中 3 个要素的序位表述欠妥，且制度要素定位也有不准之处。本书沿用其框架，稍加调整，将体育文化界定为"人类社会体育的观念、知识和制度的复合体。价值观是体育文化的灵魂，知识是其基础，制度是其支撑"。构成体育文化的观念、知识和制度看不见，摸不着，但并不意味着体育文化是为文化而文化的玄学空论。恰恰相反，体育文化具有鲜明的实践性，其观念、知识和制度通过多种多样的体育活动及其千姿百态的衍生文化形态作用于人和社会，从而产生各种实际效果。人们正是通过体育文化应用于实践的外显形态来体验和分析体育文化的。因此，体育文化的物化形态尽管不在其概念界定的范围内，却是认识和讨论体育文化须臾不可离开的实践依据。这样，由观念引导（魂）、科学基础（识）和制度支撑（制）组成的"体育文化之体"及其应用于实践的"体育文化之用"，构成了讨论体育文化的逻辑结构（图 1-1）：

---

① 格尔茨.文化的解释[M].韩莉，译.南京：译林出版社，2014：5.
② 何传启.现代化科学领导干部读本 现代化100问[M].北京：人民日报出版社，2019：241.

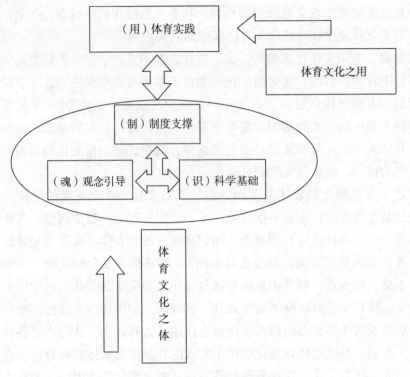

图1-1 体育文化的逻辑结构

（2）体育文化要素的依存关系。体育文化的"魂、识、制、用"各具功能，它们既相互依托又相互制约，具体内容如下：

①体育价值观赋予体育以意义，使体育成为追寻和实现一定意义的发展过程。它规定体育文化的发展方向，确定体育文化的发展前提，统领体育文化的各要素和形态，对体育文化具有导向性、基础性和整合性的重要作用，是体育文化产生和发展的基本依据。价值观不仅决定体育文化的性质，且规范其内在要素的关系结构及与外环境的联系。价值观是体育文化的根本立场，决定着体育文化"识"探求的方向、"制"设计的准则及"用"适应的范围与对象。社会发展是一个动态的过程，主导体育发展的观念也因时因地而变，在剧烈变迁的社会转型期更是如此。诊断体育文化，确定其发展状态，首先要观察的是其价值观是否合理，其赋予体育的意义是否契合社会对体育的需求。

②体育知识决定着体育文化的科学性，决定着构建体育文化的材料是真实可信，还是臆想编造；践行体育文化的途径是切实可行，还是虚无飘缈；体育的功能是仅限于物质状态的身体，使之体格强壮，还是同时涉及人的精

神层面和社会层面，使之全面发展；体育的作用是仅限于个体，还是同时涉及人与社会的和谐、人与自然的和谐等。体育知识赋予体育文化以科学精神，不断破除迷信，为体育价值观提供坚实的认知基础，从而让体育文化沿着理性的道路前进。

③体育制度是体育文化"魂""识"与"用"的结合部（包括体制机制）是精神形态的体育文化通向物质世界的桥梁，是将体育理念付诸实践的转化器，发挥着载体和工具的作用，其状态决定着体育文化的规范性和运作的顺畅性。不仅如此，体育文化制度也是体育文化体系与社会文化体系在操作层面的结合部和互动界面，它将体育文化内嵌于社会大文化的运作结构中，使之成为社会文化运行的有机组成部分。应注意的是，尽管体制机制由于其独特的关联性和操作性，在体育文化中居于重要位置，但其在体育文化中工具的位置和手段的作用并不因此而改变。

④体育活动，如各种竞技项目、健身保健、运动会及其衍生物（如体育设施、体育文学、艺术、影视）等是体育文化的外显形态，种类繁杂，形式多样，难以尽述。体育文化的实践形态一方面受制于体育文化的规定性，另一方面也检验着体育文化"魂"的意义、"识"的真伪和"制"的效率。通过这种检验，去伪存真，去粗取精，使体育文化吐故纳新，保持勃勃的生命力。

据此，研判体育文化的状态，涉及4个基本问题：以何种价值观念为引导（魂）？以何种知识体系为基石（识）？以何种体制和机制为支撑（制）？以何种形式将该价值观和知识物化为体育实践形态并实际操作（用）？

显然，体育文化的实际状态和效用是多要素综合作用的结果，其实践的有效性取决于价值观念的感召力、认知的科学性和制度安排的合理性。体育文化的理想状态是，其内三者（魂、识、制）相互和谐，其外契合于社会。然而，在现实中体育文化发展与社会发展常存在不同步的现象。当其落后于社会进步时，以文化滞后性阻碍社会发展，而当其居于时代潮流前沿时，又以文化的先进性推动社会进步，如改革开放的理念之于中国社会的转型发展。体育文化是滞后还是引领，取决于其能否与时俱进、自我更新。

2.基于生活构建中国体育文化的必要性

（1）社会发展的时代需要。

①被动体力活动淡出生活的生存挑战。从根本上看，立足广大人民群众的生活建构体育文化，有其历史的必然性。数千年来，生产和生活中不可或

缺的体力活动，是人类生存的基本手段，这种手段在客观上有着维护健康的功能，正如马克思所说的那样，"只要劳动像在农业中那样要求实际动手和自由活动，这个过程同时就是身体锻炼"①。

马克思之所以这么说，是因为"劳动首先是人和自然之间的过程，是人以自身的劳动来中介、调整和控制人和自然之间的物质变换的过程"②。简言之，劳动是人与自然之间能量交换的过程，其方式是人付出体力，获得自然界提供的劳动产品。融入生产劳动的体力活动有着维护健康的客观效果，正是在这个意义上马克思称其为"身体锻炼"。在数千年一脉相承的生活方式中，边缘状态的体育对维护健康仅起辅助作用。尽管人们的体育参与十分有限，由于被动的体力活动无处不在，所以仍能维持基本的健康水平。这种生活状态可称为体力活动被动存在的"必然王国"。

21世纪以来，随着现代科技全方位进入生产生活领域，体力活动快速而全面地退出包括生产在内的日常生活，一个历史上从未有过的少需或无需体力活动的生活状态在全球迅速普及。人与自然能量交换的劳动由体力变为脑力，劳动的"身体锻炼"客观效果不复存在，体力活动被动存在的"必然王国"陡然坍塌。历史演化到这里，其逻辑似乎应当是变被动体力活动为主动体力活动，让生活状态进入"自由王国"，正如马克思所指出的那样，"自由王国只是在必要性和外在目的规定要做的劳动终止的地方才开始"③。今天，尽管"必要性和外在目的规定要做的劳动"还在继续，但融入劳动的体力活动却大都终止，人们有了选择和参与体力活动让自己的生活更加美好的可能，而且生活水平的提高和余暇时间的增加，这种可能似乎可以轻易变为现实。

现实似乎在证实美国诗人卡明斯所说的"进步是一场令人舒服的疾病"（Progress is a comfortable disease）。人们常说，生命之树常青，但在缺乏体力活动的今天，生命之树却可能枯萎。体育是预防慢性病最有效的手段之一，但只有当它进入千千万万普通百姓的生活，成为人们主动选择的行为，而且成为习惯性的行为时，才能发挥其功效。

---

① 中共中央马克思恩格斯列宁斯大林著作编译局.马克思恩格斯文集：第8卷[M].北京：人民出版社，2009：204.

② 中共中央马克思恩格斯列宁斯大林著作编译局.马克思恩格斯文集：第8卷[M].北京：人民出版社，2009：207.

③ 中共中央马克思恩格斯列宁斯大林著作编译局.资本论：第3卷[M].北京：人民出版社，2004：928.

②主动体力活动进入生活的文化挑战。在体力活动不再具有强制性时，要让人们在看电视、打麻将、网游、聊天等诸多选项中自觉自愿地选择体力活动，并将这种行为方式坚持下去，成为自己的生活习惯并不容易。多年来的群众体育调查结果表明，体育尚未进入我国大多数人的生活，更没有成为人们生活中习惯性的行为。行为取决于人们不同的观念和态度，即文化，也就是人们长期以来生活其中的社会和（或）养育他们成长的特定社会群体所形成的文化。要让全体国民动起来，需要有与其具体生活密切相关的体育文化激励、引导和支撑。这种体育文化与以往处于生活边缘状态的体育文化相比具有以下 3 个鲜明特征，因此极具挑战：

第一，前所未有的广度。如今我们需要的体育文化，是全员覆盖和全周期覆盖的，即体育文化要覆盖所有国民并在各类人群的所有生命阶段中发挥作用。体育文化服务对象的广泛性，决定了其意义的多样性和内容的广延性，否则难以将其影响力辐射生活状态多有差异的众多民众。因此，如何将既有的、从单一视角认知的体育意义转化为与生活密切相关的、多重性的体育意义十分重要。

第二，前所未有的深度。要让体育进入广大人民群众的生活，且融入生活，成为人们的生活习惯，没有持久的动机是无法实现的。这就需要文化的潜移默化，久而久之，将体育参与观念演化为集体无意识或潜意识。庞朴认为，文化是"支配千百万人的习惯和力量，可以说是一种集体无意识，是一种潜意识"[①]。只有围绕人们的生活需要，才能建构出具有深刻感召力的体育文化，而这是目前的体育文化所不具备的。

第三，前所未有的力度。在体力活动强制性的"必然王国"，人们通过肩挑背扛的生产劳动，洗衣扫地等家务劳动，与环境进行能量交换，获得用于生存的劳动产品和生活条件，间接地维护了健康，却有着诸多束缚。在体力活动可以自主选择的"自由王国"，人们通过自己选择的游泳、田径、打球、滑雪、滑冰等与环境进行能量交换，不为外在的功利目标所累，其目的就是满足自身发展的需要。其摆脱了工具性的限制，人得以按自己的意愿设计和参与体育及多种体力活动，从而丰富生活内容，扩大生活半径，享受从未有过的体验，让生活充实而幸福。但是，体育"自由王国"的生活之路，需要有力而富于开拓精神的文化引导，否则将不能完其形，尽其性，充分展示其魅力，而目前的体育文化尚不具备这种效能。

---

① 庞朴.文化的民族性与时代性 [M].北京：中国和平出版社，1988：158-159.

改革开放解决了长期以来困扰我们的温饱问题，全面建成的小康社会给了人们更多的自由选择属于自己的生活方式，如果没有基础扎实、积极进取、极具魅力的体育文化引领，我们不仅会失去体育跃入新境界的机遇，还会使体育大踏步倒退。今天，围绕亿万中国人的生活重新认识体育的价值，培育新的基于生活的体育文化，比以往任何时候都重要和迫切。

（2）体育文化发展的需要。

①体育文化发展动能转换的需要。如今，我国体育文化发展的一大难题是动力不足。体育文化涉及每一个人，是典型的大众文化，其发展主体是全体国民——这一世界上最大的文化动力源，动力不足这一问题本来不应出现。然而，由于构成体育文化的观念、知识和制度是精神层面的无形之物，只有将其内化于全体国民，才能转化亿万人的体育行为，释放出巨大能量。我国既有的体育文化多为外生型，赶超体育文化和惠民体育文化主要由政府建构，依托行政链条自上而下推动，商业体育文化由企业启动，依托市场推动。作为体育文化发展主体的广大群众，是文化普及的对象，处于被动接受的位置。这种由他者启动、外力驱动的文化生成方式，因主观及客观原因，常与群众的需求相疏离，社会根基薄弱，难以启发社会内生动力。

体育关乎人的生命状态和生活质量。完善自己的生命状态，提高自己的生活质量是人与生俱来的内在需求。基于生活建构体育文化，就是将体育文化建立在人们丰富多彩的生活需求上，让人民群众成为体育文化发展的主体，让体育成为他们寻求和开发生活的多种意义、提高自己的生活品质和生命质量的利器，从而变文化的外生机制为内生机制，在源头上解决体育文化的动力问题。以社会内生为主，辅之以行政和市场力量，上下对接，内外联动，体育文化会迸发出无穷的生长力和创造力。

②既有体育文化整合的需要。既有的赶超体育文化、商业体育文化和惠民体育文化，各自按照其目标，依据各自的逻辑展开，相互少有交集，而一旦出现交集，却又多有冲突。例如，精英竞技与群众体育资源之争，专业体育与职业体育人才之争，体育产业与体育事业的领域之争等。之所以如此，是因为文化共识的不足和共有共享平台的缺失。这既与我国社会发展水平的限制、体育文化发育不全有关，也与条块分割体制导致的文化视野狭窄、重局部轻整体的部门立场有关。其实，溯本求源，我国体育文化这3种形态都是中华民族的崛起和福祉所需要的，都是中国体育文化的组成部分，若将其置于文化发育的整体土壤中将生机勃勃，若将其抽离出整体便成了无根之木、无源之水。在当前的社会条件下，要使我国体育文化破除零散分隔的状

态，需要找到生之育之的文化土壤。这个土壤就是生活体育文化。生活是多元多维的，英格利斯认为，"每个人生活于其中的文化情境都是多元的，并且是交叉重叠的"①，于是，生活中的体育涉及人的身体、心理和社会等多个维度，各种体育文化不仅在生活体育文化中找到了自己生存和发展的依据，而且使生活体育文化成为最具多样性的文化形态。而且，各种文化形态因为生活的整体性而统合为一个共生的文化生态系统，打破了条块分割的格局，全面促进了人的生命状态，提高了生活质量。

③构建重点突出、覆盖全面的体育文化的需要。一个人的生活贯穿其由摇篮到坟墓的整个生命过程，生活体育文化建构和服务这一过程。人的一生要经历儿童、青少年、成年、老年等不同时期，其生理、心理和社会健康状态的变化将导致其生活状态的变化。基于生活构建的体育文化由于紧扣生活，也会随生活的变化而变化，自然呈现出鲜明的阶段性和连续性。在这一过程中，青少年阶段无疑是重中之重，因为这一阶段是培养身体素养、奠定终身体育参与基础的窗口期。生活体育文化将体育融入青少年的生活，让他们充分体验"更快、更高、更强"的进取精神，感悟"卓越、尊重、团结"的社会价值，让体育成为他们探索自我、开发自我的生活伴侣，从而彻底解决我国青少年体育文化缺失的问题，并为其终身体育打下坚实的基础。

（二）生活体育文化及其建构

1. 生活体育文化的界定

基于生活建构的体育文化可简称为"生活体育文化"，其概念界定如下：基于人民群众美好生活的需求，聚焦体育与生活的关系，以体育全面提高人的生命质量和生活质量为目标，促进人自身、人与社会、人与自然和谐发展的价值观念、知识体系和制度安排。

生活体育文化的魂、识、制、用的具体内容如下：

①魂：以人为本，体育聚焦人格培养，服务生活需要，开拓生活空间，提高生活品质的价值取向。②识：体育促进人自身全面发展、人与社会及自然和谐发展的知识体系。③制：个体、社会、政府、市场在生活意义维度上关联互动的体制机制。④用：满足各类群体生活不同类型、不同层次的体育

---

① 英格利斯.文化与日常生活[M].张秋月，周雷亚，译.北京：中央编译出版社，2010：33.

及各种体力活动。

生活体育文化有以下 3 个基本特点：

第一，以人为本的价值导向。生活体育文化的起点与归宿是"以人民为中心"，体育在服务于人们生活的各种需要中体现自己的价值，实现其促进人的全面发展的终极目标。"以人为本"的体育取代了"以人为工具"的体育，围绕着美好生活的需要开发体育的价值，编织体育的意义之网，从而重新构建新时代的体育观念体系，将之关联并融入囊括公民、社会和国家层面多种价值的社会主义核心价值体系。

第二，均衡完整的认知体系。美好生活的需要涉及人的身（生理）、心（心理）、群（社会）多个维度，也涉及人与政治、经济、文化及环境的多种关系。基于美好生活需要建构的体育文化，一方面由于需要的多样性，促进体育学科的进一步分化、深化，不断开发新的知识；另一方面，又由于人的整体性，促进体育各分支学科的整合，通俗地说，就是"撒得开，收得拢"。这有助于从根本上改变我国体育学科轻人文、重应用、枝强干弱的结构失衡及分割分散、整体性不足的现状，以结构均衡、体系完整的体育认知为体育文化发展提供科学支撑。

第三，相互协同的制度支撑。我国既有的体育文化由于条块分割的制度性约束，不仅造成了体育系统内群众体育、学校体育和精英竞技间文化联系的疏离，而且割裂了体育系统与社会大环境的有机联系，导致了体育文化体系与社会大文化体系的疏离。其结果是体育系统内部的文化冲突难以避免，体育文化与社会文化的共生关系难以建立。

生活体育文化以体育与人民群众美好生活的关系为共有平台，统合体育内外各相关方，聚焦人的发展，以体育的生活意义之网为依据，横向勾连，纵向贯通，建立起了目标明确、包容广泛的体育制度之网。各相关方因此得以各尽其责，各显其能，同心同德，为体育文化的运作提供扎实的制度支撑。

2. 生活体育文化的"参与—建构"模式

与我国既有的体育文化相比，生活体育文化最突出的特点，也是其本质意义的特点是人民群众是体育文化的创造主体。生活体育文化涉及千家万户，其建构也须在亿万国民的参与中进行。它是广大群众在亲身参与体育、体悟体育、创新体育的过程中，自己建构的符合其生活需要的文化。参与即建构，建构离不开参与，建构与参与为同一过程，从而呈现出"参与—建构"的模式。生活的多样性、需求的多样性，使生活体育文化具有鲜明的开放特征。其建构不是按图索骥、照图施工，而是动态的创造过程。参与的人越多，其文化建构的基础就越扎实，内容就越丰富，体系也越完整。于是，立足于生活体育文化创造主体的立场，从"参与—建构"的视角切入，可将生活体育文化操作性地界定为"爱体育、会体育、懂体育、能体育"的文化。生活体育文化的宗旨，就是要促成"人人爱体育、人人会体育、人人懂体育和人人能体育"的中国体育发展新格局，这也是人民群众美好生活所需要的体育格局（图1-2）：

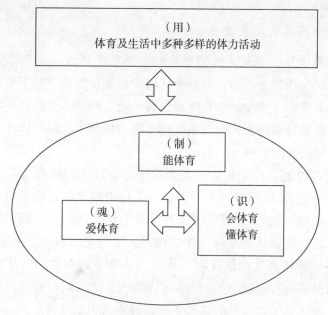

图1-2 生活体育文化的操作性界定

（1）爱体育。只有热爱体育，才会积极主动地选择和参与体育。热爱体育的情感既来自参与体育的情感体验，也基于对体育的理性认知，是感性和理性双重驱动的结果。积极的良性体验是参与体育内生动力的源头，也是生活体育文化的起点，对广大青少年尤为如此。一个真正热爱体育的人，还会将其对体育的热爱自然迁移为对生活中各种体力活动保持积极的态度。

（2）会体育、懂体育。参与体育并从中获益，需要必要的体育技能。一个人掌握的技能越多，体验就越丰富，就越能理解体育的价值，就越倾向于将体育纳入其生活，成为终身体育参与者。体育技能的掌握不仅需要参与者的体验与感悟，还需要体育理论的指导，使之合理、安全、有效。体育认知是知行合一的典范，"会体育"与"懂体育"相互依存，合二为一。"会体育""懂体育"还意味着体育技能向生活技能的延伸及转化，将体育效能拓展到生活的各种体力活动中，使这些活动也合理、安全、有效，从而使体育价值更全面地融入生活。

（3）能体育。一个人具备了体育动机、技能和知识，能否将其付诸实践，成为实际发生的体育行为，还取决于是否有支持体育行为的条件，如设施、组织、指导、医护等。体育的制度安排有着至关重要的作用。如果说，个人、家庭、学校等对"爱体育、会体育、懂体育"承担了主要责任，"能体育"则主要是政府的责任，需要有效的制度安排。

3. 生活体育文化的关联互动

生活体育文化，基于人的完整性和生活的多样性，探求体育对人及其生活的价值。生活是多维的，美好生活的需求是多样的，基于生活构建的体育文化也是多维的，其发展会自然延伸到政治、经济、社会和环境等相关领域，由内而外地与多种文化形态系统建立起有机联系，形成体育文化与相关文化关联互动的共生格局。

人类学者博厄斯在《文化模式》的序言中讨论个体与文化的关系时说过，"我们必须把个体理解为生活于他的文化中的个体；把文化理解为由个体赋予其生命的文化"[①]。千千万万参与体育的个体，不仅赋予体育文化以生命，而且通过生活体育文化内生的机制，使与之关联的文化也生机勃勃。具体而言，生活体育文化依托层级体育比赛等多种集体性的体育活动，在"我"与"我们"之间逐层建立群体归属感和文化认同，直至国家归属和民族认同；生活体育文化以生活中的体育拓展生活中的社会联系，从而促进社会包容和社会和谐；生活体育文化激活了生活中多类别、多层次的个性化体育消费需求，繁荣了体育经济；生活体育文化以多运动、少耗能的低碳生活方式，构建了蓝天碧水的宜居环境。依托生活体育文化，体育的政治、社会、商业和生态等领域的文化有了发达的根系，深植于社会，组成服务于广大人民群众的体育文化共同体。依托这个文化共同体，生活体育文化更具活力（图1-3）：

---

① 本尼迪克特. 文化模式[M]. 王炜，译. 北京：社会科学文献出版社，2009：序.

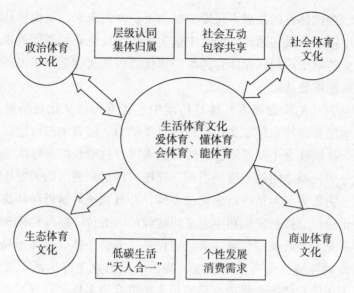

图1-3 生活体育文化与相关文化关联互动

（三）体育在中华优秀传统文化传承中的重要价值与基本理念

1. 体育在中华优秀传统文化传承中的重要价值

体育是中华优秀传统文化传承过程中的重要载体和根本途径。在中华优秀传统文化传承与中华民族同频发展的历史进程中，体育与国家的兴亡紧密相连。这也注定了体育在中华优秀传统文化传承中具有十分重要的价值，而这种价值可以从历史的、现实的、世界的、发展的角度一一体现。

（1）从历史的维度来看，体育传承中华优秀传统文化是中华民族生存与延续发展的重要基础。我国古代体育有着深厚的文化内蕴，中华民族之所以历经几千年而依旧保持着蓬勃的朝气，与历史悠久的古代体育文化不无关系。中国古代体育主要有四种形式：一是脱胎于生产实践和军事战斗技能的体育项目，如"六艺"中的"御""射"等；二是以技击和保健为特色的武术与养生活动；三是各种具有特色的球类运动，如蹴鞠、马球和捶丸等；四是各种棋类益智游戏，如象棋、围棋等。这些民族传统体育项目的形成受当时的历史文化背景和社会环境的影响，既体现出了鲜明的体育项目特点，又折射出了独特的民族精神。这些特质深受中国古代传统文化的影响，是中华优秀传统文化在体育中的体现。随着中国体育事业的发展，这些传统体育项目在吸收中华优秀传统文化精髓的同时，也愈加焕发出新的时代光彩。

当前，中国体育的发展不仅要立足当下、面向未来，更要从几千年的中华文明史中汲取力量。因此，传承中华优秀传统文化必须高度重视体育的价值，从历史的维度深刻认识体育传承中华优秀传统文化是中华民族安身立命和永续发展的重要基础。

（2）从现实的维度来看，体育传承中华优秀传统文化是满足人民群众精神文化生活新期待和坚定文化自信的重要动力。随着中国特色社会主义进入新时代，我国社会主要矛盾已经转化为人民日益增长的美好生活需要和不平衡不充分的发展之间的矛盾。当前，我国人民群众追求的美好生活涉及的领域更广、物质需求和精神需求更加多样，并且在统筹推进经济建设、政治建设、文化建设、社会建设和生态文明建设的"五位一体"总体布局过程中的不平衡不充分矛盾亟待化解。文化建设是"五位一体"总体布局的重要内容，也是推动经济社会高质量发展、满足人民群众美好生活需要的重要方面。促进中华优秀传统文化传承是满足人民群众的多样化教育需要和精神文化生活新期待的必要举措。而体育恰是满足人民群众的美好生活需要、促进身心全面发展的重要手段，也是文化软实力的重要体现，在推动中华优秀传统文化传承、丰富人民的精神世界方面意义重大。

中华优秀传统文化不仅是中华民族世代传承与发展的文化基因和精神纽带，而且是在新时代中华儿女奋进征程中坚持道路自信、理论自信、制度自信、文化自信的深厚基础。"文化自信是更基础、更广泛、更深厚的自信。"历史经验也表明，中华民族能屹立于世界民族之林，首要的就是文化自信和文化自觉。费孝通于20世纪90年代提出了"文化自觉"的概念，他将"文化自觉"的历程概括为"各美其美，美人之美，美美与共，天下大同"①。其中，"各美其美"指的是各民族要尊重文化多样性，尊重的前提是首先要认识各民族的文化，并发展好各民族的文化；"美人之美"指的是各民族要理解其见到的多种文化现象，尊重不同民族的文化；"美美与共，天下大同"指的是某一民族的文化要与其他民族的文化共同发展，并建立一个相互认可的基本秩序和各民族能和平共处的规则，实现各民族文化共同繁荣发展。当今，中华民族只有坚定文化自信和增强民族自豪感，才能在世界多元文化激荡中站稳脚跟，才能在东西方文明冲突的碰撞与融合中坚定立场，才能在砥砺前行的道路上获得不竭动力。

---

① 这十六个字是1990年费孝通先生在"东亚社会研究"研讨会上，作完题为《人的研究在中国》的发言后写下的题词。

体育运动项目是体育文化传播的载体，也是体育文化传播的主要途径。中国政府推广的民族传统体育项目是中华民族传承的体育实践的精华，其在发展传承过程中形成的身心并育的独特项目文化，是中国体育文化的精髓和中华优秀传统文化的瑰宝，将为新时代建成文化强国和体育强国，以及坚定文化自信增添活力和增强定力。

（3）从世界的维度来看，体育传承中华优秀传统文化是启发人类智慧应对发展难题与构建人类命运共同体的重要支撑。当前，人类社会发展面临诸多难题，应对和解决这些难题不仅需要发动人民的智慧和力量，还要依靠人类社会发展历程中积累的历史经验。中华优秀传统文化是在中华民族繁衍生息的历史长河中积淀和绵延下来的宝贵物质与精神财富，在不同历史时期曾为治国理政、世界和平贡献了重要经验和智慧。如今，这一贡献将伴随体育成为一种力量，帮助人类解决发展难题，并助力人类命运共同体的构建。

2. 体育在中华优秀传统文化传承中的基本理念

（1）根本遵循：坚持"双创"原则。体育在传承中华优秀传统文化过程中同样应坚持"双创"原则，其传承的具体形式可概括为赋予中华优秀传统文化新义、创造中华优秀传统文化形式、增补中华优秀传统文化内涵、延展中华优秀传统文化外延、完善中华优秀传统文化传承方式。只有坚持创造性转化与创新性发展的基本理念，坚守中华文化立场、传承中华优秀传统体育文化精髓，才能使中华优秀传统文化与现代文化相适应、与现代社会相协调，才能不断扩大中华优秀传统文化的影响力，使其展现出时代风采，从而创造中华文明的新辉煌。

（2）核心目标：促进身心健康。促进青少年身心健康是中华优秀传统体育文化传承区别于其他中华优秀传统文化传承的显著特征，也是中华优秀传统体育文化传承的核心目标，更是新时代学校体育工作的重要任务。中华优秀传统体育文化传承与教育不仅要使青少年享受运动乐趣、增强体质、掌握体育知识和运动技能，更要在此基础上磨炼其意志、健全其人格，而且要坚持"健康第一"的教育理念，将促进青少年身心健康发展作为中华优秀传统体育文化传承与教育工作的出发点和落脚点，充分发挥民族传统体育项目"以体育人、以文化人"的独特功能，培养出身心健康、具有完善人格的社会主义建设者和接班人。

（3）深层目的：注重培育民族精神。中华优秀传统文化传承的深层目的就是要加强对青少年的民族精神的培育。中华民族有着深厚的文化底蕴，这种文化贯穿于中华五千年的悠久历史中，积蕴于中华民族伟大复兴的新征程中，是中华民族生存和发展的重要精神支柱，是中国建设社会主义现代化强国过程中增强民族凝聚力、激发人民创造力的不竭精神源泉。培育民族精神是弘扬与传承中华优秀传统文化的深层含义，更是教育大计、国之大计。体育运动具有身心并育、精神塑造的强大功能，应使其成为培育青少年民族精神的重要选择。因此，注重民族精神的培育不仅是中华优秀传统文化传承必须坚持的基本理念，更是中华优秀传统文化在建成体育强国和文化强国过程中的应有之义。

（4）最终追求：增强文化自信。新时代加强中华优秀传统文化的教育和传承，最终追求应着眼于增强青少年对中国特色社会主义的道路自信、理论自信、制度自信、文化自信，增强其对中华优秀传统文化传承与创新的自觉与自信。所谓文化自信，就是文化主体对文化客体经过对象性的认知、批判、反思、比较及认同等过程形成对自身文化所具有的价值的确信和肯定的稳定的心理特征。而文化自觉，则是指生活在一定社会文化背景中的人对其文化能自知，知道其文化的来历、形成过程、具有的特色和发展的趋向。中华优秀传统体育文化是博大精深的中华优秀传统文化的一种特殊呈现，并从不同侧面和角度折射出了中国古代体育的文化内涵和底蕴，融入了中国古代哲学、美学等思想，形成了自身的特色，实现了中华优秀传统文化与体育文化的融合。而增强对中华优秀传统文化的自觉与自信是中华优秀传统体育文化传承的最终价值旨归，也是在中华民族伟大复兴的奋进之路上增强民族自信心、激发民族自豪感以及培育民族精神的应然之举。

（四）当代中国体育文化特性

1. 当代中国体育文化特性形成的文化因素

当代中国体育文化和其他文化一样反映了一个时代、一个国家或民族的特性，并规范着人们的体育行为，影响着人们的价值观念。在现代社会中，中华优秀传统文化已经成为指导人们崇尚和平、追求自强、实现自我和社会和谐的重要思想。这种深厚的传统文化，对当代中国体育文化的产生和发展有着重要的影响。如果把当代中国体育文化的形成较之于中国传统文化的"五行"学说，则表现出具有中国特色的体育文化特性。这是因为"金""木""水""火""土""五行"学说认为宇宙自然是由5种要素相生相克衍生变化所构成的5种动态平衡的运动方式，在哲学上采取的是"顺其自然的态度"，体现了事物内部的结构关系以及整体把握的思想。而体育运动的表现形式与本质、功能与作用、手段与方法，同"五行"学说是相契合的。例如，身体弱者参加体育活动则会强健；运动竞赛中攻防得当，符合体育运动的自然规律则能获胜，反之则会失败；在体育活动中唯有对体育活动内部的结构关系进行整体把握，才能取得预期目的。所以，当代中国体育正是践行了"顺其自然的态度"的哲学思想，才形成了具有"五行"内涵的独特的体育文化特性。

进一步对当代中国体育文化进行考察，它又是当代中国体育工作者践行中国特色社会主义先进文化思想和社会主义核心价值观的过程中，在体育实践活动中创造并发展起来的普遍遵守的行为规范和共同信仰的价值体系。这种体育文化价值体系，既是中国传统文化与现代体育相结合的产物，又是当代中国特色社会主义先进文化与现代体育相结合的结晶，成为具有中国特色的体育文化特性。

2.具有"五行"内涵的独特的体育文化特性

（1）"金"文化特性。"金"曰从革，体固，可伐木，肃杀禁制，强冷坚劲，象征"义"。[①]"金"文化中的"坚"与"义"代表严厉与宽容。在中国体育的强势项目中，这种"金"文化的特性表现得尤其突出。以中国乒乓球队为例，其几十年来已形成了一种近乎坚硬的体育文化。创建之初，为了组建能够为国争光的乒乓球队伍，基本做法是"严厉＋宽容"：用钢铁般的纪律治队，以慈母般的关怀待人。"不想当世界冠军，别进国家队大门""作风硬才能打仗"，纪律、制度不允许打折扣，通过宽容表达仁义，可以保证组织的高效运行，同时可以发现人才，造就人才。[②]

（2）"木"文化特性。"木"曰曲直，形实，可固土，生机兴发，柔和舒达，象征"仁"。[③]"木"文化的本质是正直与仁爱。例如，中国乒乓球队几十年来已形成了一种透明的体育文化。这就是正直在于制度透明，仁爱在于尊重人才。中国乒乓球队始终坚持发挥国家和地方两个方面的积极性，吸引更多社会力量，支持乒乓球事业发展，大胆吸取各种有益的成功经验，并形成了一个开放的系统。在训练过程中则坚持民主练兵的原则，发挥集体智慧

---

① 孔颖达，左丘明，刘向.尚书[M].呼和浩特：远方出版社，1998：23.
② 国家体育总局《乒乓长盛考》研究课题组.星光灿烂40年：乒乓文萃选[M].北京：人民体育出版社，2002：9-10.
③ 孔颖达，左丘明，刘向.尚书[M].呼和浩特：远方出版社，1998：23.

和力量，保持了几十年的长盛不衰。

（3）"水"文化特性。"水"曰润下，察微，可灭火，冷静滋润，灵动潜伏，象征"智"。①"水"文化之精要在于冷静和智醒。中国体育运动队伍，不论是中国女子排球队、体操队、跳水队还是其他运动队，多年来都深得"水"文化的精髓——见微知著，源远流长。虽然他们功勋卓著，但胜不骄，败不馁。人性如水，只有机智灵活，面对环境随时变化，因形而形，始终把握竞赛场上的主动权，才能游刃有余，为中国竞技体育创造辉煌成绩。

（4）"火"文化特性。"火"曰炎上，亮著，可熔金，升腾变化，明热欢快，象征"礼"。②"火"文化的极致是明礼求进，以柔克刚。再坚忍、再冷酷的群体一经"火"的洗礼，都可以形成坚不可摧的战斗堡垒。中国体育运动队，多年来打造的是一种炉火纯青的火礼文化。温厚醇和，自强不息，谓之大礼。中国体育的目标是"冲出亚洲，走向世界"，攀登世界体育高峰。在向理想迈进的征程中逐渐形成了求实、创新的文化氛围。

（5）"土"文化特性。"土"曰稼穑，可扶水，孕育培植，厚德载物，象征"信"。③中国体育的成功，得益于其质量，更得益于其文化——诚信为本，厚德载物。在中国体育的成长过程中，教练员、运动员及所有体育工作者，深知体育竞技场上的胜负是靠实力，十年方能磨一剑，因此平时训练不容一丝一毫的弄虚作假和投机取巧。怀着对祖国、对人民的无限忠诚，对技术精益求精，务实创新的精神，成就了中国体育事业。

总的来说，中国体育几十年形成的体育文化，集中体现了中国体育人正确的世界观、人生观和价值观，是中国传统文化与社会主义先进文化相结合的结晶。

3. 当代中国体育文化对体育人文精神建设的构想

所谓人文精神，是指一种意识、观念、态度、主张或宗旨，它强调人的价值的重要性，强调人的精神追求或心灵追求（包括情感追求、审美追求、道德追求、认知追求与创造追求）及人对真善美的追求。因此，在当代中国体育的发展过程中，强调通过体育文化建设，加强体育组织和体育工作者人文精神的塑造，引导他们的世界观、人生观、价值观向正确方向发展，以高度的自觉承担起实现中国体育强国梦的社会责任，具有重要的现实意义。

①　孔颖达，左丘明，刘向. 尚书 [M]. 呼和浩特：远方出版社，1998：23.

②　孔颖达，左丘明，刘向. 尚书 [M]. 呼和浩特：远方出版社，1998：23.

③　孔颖达，左丘明，刘向. 尚书 [M]. 呼和浩特：远方出版社，1998：23.

（1）确立当代中国体育文化对人文精神建设的目标。当代中国体育经过几十年的发展，到 2008 年北京奥运会的成功举办，中国体育代表团所取得的成绩，使中国体育已跻身世界体育大国的行列。但是，同世界体育强国相比，仍然有一定的差距。体育强国是在竞技体育、全民健身、体育产业和体育科技文化等各方面的全面发展。在中国从体育大国向体育强国发展的过程中，具有深厚文化底蕴和审美价值的体育运动，在继续影响人们的社会生活的同时，为体育文化的发展提供了有利条件。因此，我国必须把发展竞技体育、全民健身、体育制度建设、体育科技与体育文化结合起来，从"大体育文化观"的视角确立体育文化建设的目标。即自觉地把体育物质文化建设、体育智能文化建设、体育规范文化建设和体育精神文化建设的目标任务融入体育工作实践中，充分弘扬和发展蕴含在体育工作各个领域中的丰富的文化价值和功能。

（2）确立当代中国体育文化对人文精神建设的多层次内容。当代中国体育文化对体育人文精神的建设，必须以社会主义核心价值观为指导，确立体育人文精神建设的多层次内容。在国家理想层面，倡导体育"为国争光""为民强健""为国争利"的文化价值理念，发挥体育在实现"强国梦"、提高国际地位和增强综合国力、增强全民身心健康、提高民族素质、激励民族精神、促进体育产业发展、满足社会体育消费需求等方面的独特的作用。在社会秩序层面，倡导体育"科学治理""崇尚法治""规则至上"的文化价值理念，发挥体育文化维护体育运动的正常秩序和促进体育社会关系和谐发展方面的作用。在个人行为规范层面，倡导"爱国敬业""诚信友善""顽强拼搏"的文化价值理念，提升体育工作者的人文精神和高尚的道德情操。这三个层面的理念相互联系、相互贯通，兼顾了国家、社会、个人三者的价值愿望和追求，实现了三者价值目标上的兼容和统一。把中国体育文化建设成为既有深厚的传统文化底蕴又有鲜明的时代特征，符合历史发展潮流和现实情况，能够发挥出广泛的感召力、强大的凝聚力和持久的引导力。

（3）坚持对当代中国体育文化的继承和创新。当代中国体育发展的鲜明的时代特征能激励体育健儿锐意进取的精神文化，在于深刻领悟了"金""木""水""火""土"传统文化的哲学意蕴，根据当代中国体育发展的实际，形成了以求实诚信、爱国奉献、公平竞争、拼搏自强、诚实守信为主要价值标准的中国人的意识、思维活动和一般心理状态，极具中国特性的体育文化。

①坚持和继承体育求实创新的精神。用求实精神对待体育事业，将这

种精神转化为体育工作者高度的主人翁责任感，并在体育实践中融会中华优秀传统文化，形成了求实创新的体育文化精神。几十年来，它曾作为体育工作标准被提出，作为行为模式被效仿，作为管理经验来推广，作为精神凝聚被传承，在中国当代体育发展的过程中产生了广泛而深远的影响，并使之在短时间内成为一个科学规范的有机整体，进而促进了体育运动训练的高效运行。因此，在中国体育强国推进的过程中应加以总结，继承创新，使这种精神成为推动体育发展的一种强大的文化力，并用以指导中国体育实践。

②坚持和发展体育制度文化传统。俗话说：没有规矩，不成方圆。其意思是说，没有规则（制度）的约束，人类的行为就会陷入混乱，因为人类的一切活动都与制度有关。魏徵的《谏唐太宗十思疏》中说："求木之长者，必固其根本；欲流之远者，必浚其泉源。"我国在长期的体育实践过程中，始终坚持把制度严明作为规范体育行为的内在要求。这就是加强制度建设、健全保障体育发展的长效机制、从根本上解决影响和制约中国体育发展的深层次矛盾和问题。因此，当代中国体育要保证长期稳定发展，必须进一步明确目标、突出重点、有的放矢，切实解决制度缺失和制度障碍等方面的问题，努力形成健全、完善的制度体系，切实增强制度的针对性、有效性和可操作性，努力形成长效机制，从而不断提高各项体育工作的制度化、规范化、科学化水平，确保各项制度规定管得住、行得通、用得好，使之真正成为推动中国体育发展的坚强有力保障。

③坚持和弘扬对体育的敬业奉献的精神奉献。精神是社会责任感的集中表现。奉献是一种态度，是一种行动，也是一种信念，是对自己事业的不求回报的爱和全身心的付出。在我国体育发展的过程中，对体育工作者而言，就是在国家和社会的召唤之下，把体育工作当成一项事业来热爱和完成，从点点滴滴中寻找乐趣；努力做好每一件事，认真善待每一个人，全心全意为体育工作服务，履行国家和社会赋予的神圣职责，把奉献精神融入自己的生活，正确处理体育与国家、社会和个人的关系，在自己的体育实践活动中，把体育实现国家理想价值、社会需求价值和个人人生价值有机结合起来，实现自我完善。随着经济体制深刻变革、社会结构深刻变动、利益格局深刻调整和外来文化的影响，人们的思想观念也在深刻变化，价值观日趋多元化。在此背景下，国家和社会的体育价值取向与体育工作者的个人价值取向产生了矛盾冲突，导致在体育活动中出现某些法治和道德缺失的问题。这就要求体育组织和体育工作者坚持对体育事业的奉献精神，协调体育利益集团之间的关系，正确对待各利益集团的利益需求问题。因此，通过体育人文精神建

设，坚持和弘扬奉献精神的光荣传统具有现实意义。

④坚持和发扬体育自强拼搏的精神。拼搏精神，就是在困难面前不低头，在压力之下不屈服，在坎坷路上往前走。拼搏不是一时心血来潮，不是空喊口号，而是指在一定的理想、信念驱使下，人的拼命争取、全力搏斗的意志品质。例如，中国女排为了国家的荣誉、为了排球事业的发展，在拼命争取、全力搏斗的过程中形成了拼搏的意志品质。这种用血与火铸就的体育精神文化，成为我国体育界乃至全社会的精神力量，给当代中国体育留下了深刻的印记和有益的启迪。

在今天，用顽强拼搏践行体育精神，用积极进取强化社会主义核心价值观，必须进一步加以总结和深化，在体育人文精神建设中加以坚持和继承，以激励全体体育工作者未来也能以坚忍不拔的精神和艰苦奋斗的作风为中国体育事业不断奉献。

⑤坚持和传承体育诚实守信的道德精神。诚信，即以真诚之心，行信义之事。诚信是一个道德范畴，千百年来，诚信被中华民族视为自身的行为规范和道德修养，在其基本字义的基础上形成了独具特色并具有丰富内涵的诚信观。当代中国体育从维护体育运动的公平、公正、诚信出发，表现出诚实、君子之风和高尚的体育道德精神，为国际社会所瞩目。因此，我国要进一步加大诚信教育和诚信约束力度，进一步营造平等竞争、遵纪守法、诚实守信、公平竞赛的良好氛围。同时要加强体育道德教育，使人们充分认识到教育是提高体育诚信道德的重要途径，通过教育大力宣扬诚信为本的体育道德宗旨，以形成讲诚信、守诚信的良好体育氛围，让人们感受体育的真正魅力。

二、中国体育文化近代变迁对新时代发展体育文化的启示

文化中包括学问系统和价值系统两个子系统。在近代中国这场体育文化变迁中，持续接触的西方关于体育的各种信息和知识等不断改变着人们对体育文化的认知。在这个过程中，各种西方思潮的强烈冲击却没能将中国彻底西化，这是因为中国并没有放弃以儒学为基础的文化传统根基和价值判断。这是一条被迫选择的一条看似不太完美的现代性转型道路，但不论是体育文化系统中的变还是不变，本土的还是舶来后融合而成的"体育"，都能表现出一种作为人类创造的文化的自主现代性。而正是体育作为一种文化所蕴含的自主现代性，使当时人们在处理古今中外各种文化关系时表现出主动性、主导性等主体性特征，而不再陷于一味盲目对社会发展做出的应激变化的滞

后的、被动的态势中。

（一）知识体系的更新是新时代发展体育文化的重要基础

学问是一种正确反映客观事物的系统知识。这种知识体系，会根据特定历史客观条件的改变进行必要的新陈代谢，以确保对客观事物做出最接近正确的反映。

通过对近代中国体育文化变迁的反思不难发现，国人对体育文化内涵认知的重新建构或修正贯彻始终，成为体育文化变迁的主要内容之一。在近代受到西方物质文明强烈冲击中所演进着的体育文化变迁，是一种面对千百年来历史沉积而成的认知的应激式扬弃和超越。进入新时代，国民对体育文化的需求已经发生了本质变化，文化建设的根本目的是最大限度地实现人民对美好生活的向往。在体育成为促进人的全面发展的重要手段、提高人民健康水平的重要途径，同时成为展示国家文化软实力的重要平台后，国家主动提出其赋予体育文化更加丰富且符合新时代特征的内涵，即体育文化为人的全面发展服务、为小康社会服务、为人民的幸福生活和美好生活服务。

因此，体育知识体系与时俱进地更新是引导新时代体育文化健康发展的重要前提。对于社会大众而言，先进的体育知识理论具有思想文化的启蒙价值；对于体育文化践行者而言，先进的体育知识理论具有鲜明的导行价值；对于指导体育文化发展方向的国家而言，体育知识理论的决策价值更加明显。

（二）弘扬民族主体精神是提振文化自信的根本

作为一种价值系统，传统文化是中国人做人和立国的基本精神依据，因为传统文化所蕴含的中华传统精神包含着传统文化得以构成和传衍的规则、理念、价值和信仰。反观近代中国体育文化不论是经历过"拿来主义"还是"中体西用"抑或"西体中用"的百年变迁后，最终逐渐清晰地表现出对人主体性的重视。这又正是回归到中华民族的民族主体意识的核心——中国传统文化传衍数千年一以贯之的基本精神"自强不息""厚德载物"层面了。中国人多年的文化困惑，归根结底是如何处理好接受外来先进文化与保持自己文化的民族独立性的关系问题，即能否弘扬中华民族的主体精神。

新时代，发展体育事业不仅是实现中国梦的重要内容，还能为中华民族伟大复兴提供凝心聚气的强大精神力量。在新时代建设体育强国的进程中，我国不仅直面优胜劣败的竞争局势，又身处兼综交融的"人类命运共同体"

中，弘扬中华民族的主体意识、主体精神至关重要。一方面，弘扬中华民族的主体精神，在外来文化的汹涌冲击下不会丧失民族的自我；另一方面，保持独立的意志和民族的尊严，在全球经济一体化的世界格局中可傲立于世界民族之林。同时，弘扬民族的主体精神，能够进一步激发中华优秀传统文化的生机与活力，增强文化自觉和文化自信，使人们不畏惧、不屈服于环境，有利于将外来文化从"体"到"用"中国化、本土化，并主动引领世界体育文化向"人类命运共同体"的趋势发展。

三、体育文化的社会影响与研究意义

（一）体育文化对社会文化的意义和作用

社会文化对体育运动的产生与发展具有重要意义，体育运动在发展过程中与社会文化有着密切的关联。一方面，社会文化促进了体育运动的产生与发展，体育运动作为一种社会行为发展并引导和规定体育运动的发展方向；另一方面，体育运动又推动社会文化的发展，因为体育运动是人类竞争精神的体现，也是人类生活方式的体现，是人类文化的一种美好的表达。因此，研究体育文化对促进人的发展、社会发展具有重要的意义与作用。

体育和体育运动最早出现在教育过程中。因为一些教育家为迎合社会需要而提出了德、智、体全面发展教育思想才促使体育产生，而体育思想在学校教育中出现，不仅推进了近代、现代教育的发展，还推动了整个人类社会的发展。

尤其是第二次世界大战以后，随着世界各国的经济恢复和发展，世界范围内的大众体育运动开始普及，各国政府和体育社会组织在体育发展过程中逐渐认识到，体育运动不但在促进青少年的身体发育和成长方面具有重要作用，而且对改善社会大众的身体健康、使人们养成良好的生活方式有积极的意义。不仅如此，体育运动作为一种传播手段和传播方式在整个社会活动中的功能和作用不断广泛化，成为人际交往、群体沟通、促进社会和谐的重要手段，甚至在民族、国家的相互交往中也成为一种不可或缺的政治工具。从表面上看，体育运动在社会生活中不过是一种身体的运动形式而已，或者说是人类的一种身体游戏方式，而从本质上说，这种运动形式或游戏方式蕴含着文化的意义，这种文化的意义已经远远超越了体育运动本身。因此，研究体育运动发展、体育文化发展具有重要的社会意义。

（二）研究体育文化的意义

体育文化研究是建立在文化研究基础上的一门分支学科研究，它依托于文化研究的经验积累和成果支持，运用文化研究的理论、方法探讨体育领域的文化现象、文化特征、文化作用及其意义。所以，体育文化研究与社会文化研究密切相关，想要正确认识体育文化，首先必须对文化研究有一个基本的了解。

体育运动是人类共有的一项运动。当今时代，世界上任何国家、任何民族无不把发展体育运动作为一项重要的社会活动或社会事业。虽然体育运动在社会生活中远不及政治、经济、军事、外交等社会活动重要，但它却是社会生活中不分男女老幼、不分社会阶层，拥有人数最多的一项社会活动。因此，世界各国政府无不重视体育运动的研究与发展。

多年来，学者对体育运动的研究也是从多个层面进行的，诸如历史的、教育的、生物的、力学的、健康的以及文化的等，研究成果层出不穷。但就体育文化方面的研究来说，直到目前还处于一种零散的、非系统化的状态，没有形成统一、规范的研究体系。这一方面说明体育文化研究尚处于起步阶段，需要投入更多的人力、物力加大研究力度；另一方面也表明体育文化研究前景广阔。

为什么要对体育文化进行广泛的研究，其意义何在？笔者认为可以从以下几方面简要认识：

1. 教育的意义

为培养适应社会发展需求的合格人才，教育家根据全面发展的教育思想提出了德、智、体三育并重的教育理念，他们首先提出了体育的概念，即身体教育思想和方法。但在体育运动诞生之前，体育教育的内容只是一些游戏活动和竞技活动。不过这无关紧要，游戏活动和竞技活动同样可以实现身体教育的目的，即促进身体发育和塑造精神。

所以，从文化的层面看，体育和体育运动始终是与教育联系在一起的，并以教育的形式呈现出来。而且，随着教育的发展，身体教育的思想和方法逐渐为人们所共识。不仅推动了教育的发展，还为体育运动的产生创造了思想条件。因此，可以这样说，体育文化既是游戏文化、竞技文化演变的结果，又是教育文化的延伸和发展。

体育（教育）通过身体活动能促进青少年的身体发育，使青少年健康成长，这一点不言而喻。而体育（教育）思想作为一种身体文化，它本身是观念性的，不能够对身体健康产生直接的效果，但是，从人的行为过程来说，任何行为都是在一定的观念驱动下进行的，体育运动发展本身也是如此。所以，研究与传播体育与体育运动文化对开展体育运动、促进体育运动发展的作用和意义也在于此。

2. 生活的意义

在体育运动诞生初期，参与体育运动的主要对象是学生和军人，目的是通过体育与体育运动手段培养建设国家和保卫国家的人才。所以，学校和军营成为开展体育运动的主要场所。而体育运动的宗旨并不仅限于此，它需要全社会的共同参与才能体现出体育运动的意义，因此，随着社会的发展进步，体育运动的影响不断扩大，逐渐突破了教育范畴，成为社会民众生活中的一项内容，成为社会民众的一种生活方式。

体育运动的文化意义是多方面的，表现在日常生活中就是培养人们的生活方式，使人们养成良好的生活习惯。虽然对于不同的人来说，由于经济水平、文化背景和习惯等的不同，其生活方式也不同，但越来越多的人对体育运动逐渐产生认同，使体育运动成为自己的一种生活内容和生活方式。而且随着人们对体育运动的认识水平的不断提高，还激发了人们参与体育运动的热情。所以，研究体育文化、传播体育文化能够为社会民众广泛提供文化内容，培养人们的文化观念，使体育运动成为人们的一种生活方式，这对体育文化的发展、社会的发展具有重要的现实意义。

3. 价值的意义

体育运动从内容和形式上说，不过是人类的一种身体活动方式，但它所蕴含的意义却不仅如此。体育运动既是人类认识发展的产物，又是人类精神塑造的方法和手段。这种精神塑造体现在体育运动的竞技过程中，即体育运动的竞技性使人类明白为什么要发展身体、塑造精神，这是由社会发展规律和人类的认识决定的。人类社会的发展从早期的生存竞争到民族、国家的利益竞争，无一不体现出一种精神的力量。社会的发展进步需要人类进行物质创造和物质生产，且这种创造和生产是在人类的精神力量推动下实现的。尽管人类的精神塑造有多种方式、方法，但通过体育运动来培养人的性格、磨炼人的意志、塑造人的竞技精神更是一种有效的方法和途径。

4. 交往的意义

当今时代，体育运动发展的意义已经远远超出了运动本身的意义，成为社会生活中具有多重功能的一种活动方式。其中，体育运动作为一种交往形式和交往手段越来越受到人们的重视。这种交往的范围从家庭、社区到地区、国家，从一个国家到多个国家，遍布社会生活的每一个角落，体现出体育运动的文化共同性。

从狭义上说，通过体育运动交往增加了人与人之间的了解和友谊，使人际关系、社区关系以及社会关系更加和谐。例如，每到春天的周末，一些社区总会组织社区居民在附近的公园参加各种体育活动，有些体育活动是以家庭为单位参加比赛，所以到了周末的早晨，很多家庭的大人带着孩子，带上午餐，从各处涌到体育场。人们对比赛成绩并不关心，却对这种活动的环境与气氛情有独钟。其原因在于这种体育活动方式不仅促进了家庭成员之间的感情交流，增加了亲情，也为家庭与家庭之间的交往提供了机会，增进了彼此的了解。而社区组织者认为，之所以乐此不疲地组织这样的体育活动，一是他们的职业所为；二是为社区居民提供一种愉快的生活方式；三是通过这种活动培养国民的凝聚力。

从广义上说，体育运动已成为现代国际交往的重要方式，在国家事务中，仅次于经济、政治、外交、军事等的交往，成为国与国之间文化交往的重要内容。而且，这种交往形式在特殊的历史条件下能够起到其他交往手段可望而不可即的作用。

总之，当今时代随着体育运动的发展，人类对体育运动的认识更加广泛而深刻，赋予体育运动的社会意义和文化内涵越来越丰富。体育运动作为一种文化方式和社会工具在社会交往中已经常态化，所以，作为体育文化研究者应与时俱进，积极投身于体育文化研究和实践中，肩负起推进社会发展的历史使命，为体育文化的研究和传播作出贡献。

第二章　体育课程及其评价理论体系

第一节　体育课程解读

一、体育课程

（一）课程概述

1. "课程"的词源分析

据考证，英国教育思想家斯宾塞于 1859 年发表的《什么知识最有价值》（该篇论文被收录于《教育论》一书中）一文中首次出现了"课程"一词，含义为教学内容的系统组织。

在中国，"课程"作为一个词语最早出现在什么年代已无法考证，学术界一般认为，"课程"一词最早大约出现于我国汉朝，首先由唐代经学家孔颖达所使用。

所谓课程，就是现在所说的教育内容之意，程有程度、程序、进程的意思。课程就是课业的进程。孔颖达在《五经正义·毛诗正义》中为《诗经·小雅·小弁》的"奕奕寝庙，君子作之"句注疏："教护课程，必君子监之，乃得依法制也"。但是，这里的"课程"与今天的"课程"在含义上相差比较大。据已有的考证，南宋的朱熹对"课程"的使用方式与当今课程论中的"课程"术语意义相近。朱熹在《朱子全书·论学》中有"宽著期限，紧著课程""小立课程，大作功夫"等论述。这里的课程含有分担工作的程度、时限、进程，学习的范围或者是指教学与研究的专门领域。课程在词源上的演变在一定程度上显示出唐宋时期以来科举制度的形成和学校体制的完善，促进了课程概念的发展，在随后的明、清直至近代，课程的使用范围越来越集中于学校教育这一特定的范畴。

2.课程的定义

课程一词是从拉丁语"currere"一词派生出来的，原意为"跑道"，规定赛马者的行程，与教育中"学习内容进程"的意思较为接近。所以，对课程较常见的定义是"学习的进程"。这一解释在各种英文词典中比较普遍。课程既可以指一门学程，又可以指学校提供的所有学程。这与我国一些教育辞书，如《中国大百科全书》教育卷及《辞海：教育学·心理学分册》对课程的狭义和广义的解释基本吻合。

不同的学者由于其哲学价值观的不同，因而对知识、学习理论等方面的理解也不同，所以他们对课程本质的规定的认识也不同。国外最先提出"经验说"课程定义的是约翰·杜威。他认为，课程应当作为经验交流和教育儿童的窗口。[①] 我国学者辛利认为，"课程是学校为学生打造的学习经验的平台与渠道""课程是学校与学生交流的经验总和""课程作为一类规划与策略，旨在将教师与学校总结的经验传授给学生"[②]。学者黄保安认为，"学校课程是确保学生在学校限定的期限内进行合适的体力与智力训练，相关训练应当遵循学习者的身心客观规律，进行适应生活的需要"[③]。学者或强调学习的经验与内容，或强调经验的组织过程，或强调科目的时间安排与计划，不一而足。因此，对课程的本质内涵解释及定义至今依然是多元的。

（二）体育课程的性质与目标

体育课程是学生以身体练习为主要手段，通过合理的体育教育和科学的体育锻炼过程，达到增强体质、增进健康和提高体育素养为主要目标的公共必修课程。体育课程是学校课程体系的重要组成部分，是高等学校体育工作的中心环节，是促进身心和谐发展、思想品德教育、文化科学教育、生活与体育技能教育与身体活动有机结合的教育过程，是实施素质教育和培养全面发展的人才的重要途径。体育课程作为学校体育工作的最后一环，是由学校体育过渡到社会体育的关键环节，同时是学生生长发育、个性形成的重要时期。其基本目标是使学生能够积极参与各种体育活动并基本形成自觉锻炼的习惯，基本形成终身体育的意识，能够编制可行的个人锻炼计划，具有一定

---

① 杜威.儿童与课程[M].北京：中国传媒大学出版社，2018：25.

② 辛利.体育课程教学理论与方法[M].广州：广东高等教育出版社，2019：7.

③ 黄保安.课程效益评价浅论[J].新课程研究（中旬刊），2010（10）：125-127，130.

的体育文化欣赏能力。

对于现在的年轻人来说，通向终身体育的唯一途径，仍旧是学校体育这一主体。但是人们目前仍然没有对这方面的问题重视起来，这也是目前面临的工作难点之一。现阶段，由于自身意识的不足，学生、家长、教师乃至学校对体育的重要性的认识不够充分。在这样的形势下，学生的体育课和课外活动时间经常难以得到有效的保证：在大学里，体育教师的短缺是问题的症结之一；各大学校的体育场地设施在以前的基础上有了一定的改善，但是与目前社会的发展、经济的进步水平还不太适配；学校的体育评价主要以学生的体育成绩达标为准，这样的机制有待升级；学生体质健康水平仍是学生整体素质的一块短板。课程是沟通学校与社会的桥梁，是连接学校与社会的纽带，现代课程理论认为，课程设置的三大支柱为受教育者的身心发展水平，未来经济和社会发展提出的要求与提供的可能性，课程涉及的知识、技能和能力的总和。由此可见，体育课程必须在提高学生的运动技能的基础之上，健全其人格，培养其终身体育的意识。

（三）体育课程组织形式

根据《全国普通高等学校体育课程教学指导纲要》内容规定，我国普通高等学校的一、二年级必须开设体育课程（四个学期共计144学时）。学生要想顺利毕业并且获得学位必须要首先修满规定学分、达到学校的基本要求。这条标准适用于全国普通高等学校，而普通高等学校体育类专业以及其他体育院校不适用这条标准。在部分体育院校，一周的体育课程高达12课时。

目前国内主要的体育课开设形式有三种：校内公选课、班级公选课以及俱乐部会员制。校内公选课是指学校教务系统将所有的体育课程项目及时间安排公布在学校官网上，学生可以根据自己的课余时间和兴趣，在校级范围内选课。上课的时候多数情况是与其他不同专业的同学一起。大学一、二年级总共四个学期，每个学期选修一门不同的体育课程。而班级公选课是以班级为单位，选固定的时间，一个学期选修一门或者多门体育项目。校级公选课和班级公选课采用的都是传统的教学方法，比较强调体育运动技术技能的掌握和传授，强调学生的体育成绩要达标。

与公选课模式不同的是体育教育俱乐部，这种形式对学生来说会有更多的自由。这种体育课程形式提倡的模式分为四种："自主"模式是让学生自主选择运动项目，自主选择任课教师，自主选择上课时间；"互动"模式是教师与学生在课内与课外互动，在现场与网络互动；"自治"模式是课余体育锻炼自治，课余体育竞赛自治，课余体育训练自治；"开放"模式是时间开放，空间开放，资源开放。学校以单项俱乐部为"管理单元"，进行体育教学和相关竞赛活动。学生在校期间可以从始至终参加一个俱乐部，练习同一项体育技能。

二、体育锻炼态度

（一）态度的定义

态度是个体对特定社会客体以一定方式做出反应时所持有的稳定的、评价性的内部心理倾向。在社会心理学中，有关态度的研究是较为重要的课题之一。奥尔伯特认为，"态度是社会心理学中最重要、最关键的概念"[①]。在心理学中，态度的主要成分是认知成分、情感成分和行为倾向成分。认知成分是指个体对某一对象的看法、观点、信念和认识等；情感成分是个体在认知成分的基础上对某一对象产生的情绪情感；行为倾向成分是指个体对某一对象产生某种行为的内在倾向性，它对个体的态度具有预测作用，但是行为倾向并不等同于个体的外显行为。个体对某一对象的认知会影响个体的情感，并对行为倾向造成一定的影响。国内学者时蓉华持有态度的三元论，其认为"态度是由认知、情感、意向三个因素构成的、比较持久的个人的内在结构，它是外界刺激与个体反应之间的中介因素，个体对外界刺激发出的反应受到自己态度的调节"[②]。

在外显态度被提出之后，学者基于个体可意识到自己的态度这一观点，后来一直采用直接可测量的方式对态度进行测量，以自陈式量表为主，但是有些研究却发现态度会受到环境等其他因素的影响，从而降低了态度的可信度，有些研究中态度的反应速度很快，甚至超过了个体意识的可控制范围之内，并且态度和行为反应之间的相关很弱，这就引起了研究者对态度中无意识部分的关注。20世纪90年代中期，美国心理学家格林沃尔德和巴纳吉在分析了大量研究文献的基础上提出了一个新的研究领域——内隐性社会认知，即过去经验的痕迹虽然不能被个体意识到或自我报告，但是这种先前经

① ALLPORT G W. Attitudes[M]//Murchison. Handbook of social psychology. Worcester: Clark University Press, 1935: 798-844.

② 时蓉华. 现代社会心理学 [M]. 上海: 华东师范大学出版社, 1989: 244.

验对个体当前的某些行为仍然会产生潜在的影响。[1] 这一理论强调了无意识在社会认知中的作用，并进而提出了一种关于态度的新概念——内隐态度，即过去经验和已有态度积淀下来的一种无意识痕迹潜在地影响个体对社会客体对象的情感倾向、认识和行为反应。

（二）体育锻炼态度的概念

体育锻炼态度是个体对体育锻炼的认知评价、情感体验和行为倾向的一种综合性表现。具体来说，体育锻炼态度是人们通过自身对体育知识的了解和进一步的学习，以及对体育的理解而最终形成影响个体对体育锻炼行为选择的状态。首先，体育锻炼态度会对体育学习和身体活动行为产生影响，进而影响锻炼者的身心健康；其次，体育锻炼态度的形成会受到自身价值观、体育教育状况以及体育相关知识和信息等的影响；最后，体育锻炼态度能够通过体育锻炼的参与程度、体育相关信息的接受情况反映出来，并且体育锻炼态度与个体行为方式息息相关，积极的态度有助于锻炼行为的开展，消极的锻炼态度会阻碍体育锻炼。因此，改变体育锻炼的消极态度，对促进锻炼的积极性以及增加身体活动水平有重要意义。学生对体育锻炼的态度，是影响其身体活动水平的潜在因素，对体育锻炼持有积极态度的学生，更有可能实施身体活动行为，并养成参与体育锻炼的习惯。学生在校期间形成的体育锻炼的态度影响着学生毕业以后体育锻炼行为的停断或持续，其对体育锻炼的态度越积极，终身体育锻炼的意识就越强，在以后的生活中就越容易坚持体育锻炼。

（三）体育锻炼态度的相关研究

锻炼态度与身体活动行为具有一致性特点，即锻炼态度可以在一定程度上对身体活动行为进行预测。亚当斯、布林特森经过研究得出，校友的态度和锻炼行为与大学要求的体育课程的类型有关，但有氧运动不受锻炼态度的影响。[2] "体育和健康课程积极地影响了学生对运动、饮食和吸烟的态度，

---

[1] GREENWALD A G, BANAJI M R. Implicit social cognition: attitudes, self-esteem, and stereotypes[J].Psychological review, 1995, 102（1）: 4-27.

[2] ADAMS T M, BRYNTESON P. A comparison of attitudes and exercise habits of alumni from colleges with varying degrees of physical education activity programs[J].Research quarterly for exercise and sport, 1992, 63（2）: 148-152.

他们即使毕业后也更倾向于进行有氧运动，不太可能吸烟；他们的饮食、脂肪、胆固醇和钠摄入量较低。"① 皮尔曼等研究表明，上过一门体育相关课程的校友更可能知道他们的血压水平、血液胆固醇值和健康饮食食谱，他们比没有上过相关体育课程的对照组大学校友的脂肪摄入量要少。他们还报告说，对待该课程的积极态度会影响他们对运动、饮食和吸烟的态度，更有可能从事有氧运动，而较少吸烟，而且摄入的脂肪、胆固醇和钠也较少。所以，他们认为大学课程提升了健康知识、校友的态度和身体活动行为。② 陈炳煌在学生体育态度和体育行为现状的调查研究中发现，学生对体育活动的态度基本处于良好水平，态度积极，且体育态度和体育行为有很好的一致性。③ 张庆义、刘伟在学生锻炼态度的差异性研究中得出，不同性别的学生锻炼态度总分没有显著性差异，但大学男生在锻炼态度的各个维度上要好于大学女生。④ 比昂多利、皮莱默的研究表明内隐锻炼态度可以改变，通过愉快的运动表象可以引起积极的内隐态度，尽管只有短期的效果。⑤ 张磊在体育课程内容对普通学生锻炼态度的影响中指出，在常规选项的基础上增加系统的体育与健康理论类课程内容有助于学生锻炼态度的进一步改善。但是锻炼态度的改善不一定会带来体质水平的提高，因为体育锻炼行为受到多种因素的影响。⑥ 也有部分学者认为，影响参加体育活动的原因，从表面上看，固然有其客观因素，但通过进一步分析发现，学生自身不重视体育锻炼的主体意识，只重育智，轻视育体，缺乏锻炼习惯，轻视体育健康是根本原因。体育锻炼行为主体的态度直接影响着主体对体育的参与性，并影响其对体育的参与结果和效能。

① 任海军.高校大学体育健康课程科学化构建与实践研究 [J].运动精品，2019，38（12）：31-32.

② PEARMAN S N, VALOIS R F, SARGENT R G, et al.The impact of a required college health and physical education course on the health status of alumni[J].Journal of american college health, 1997, 46（2）：77-85.

③ 陈炳煌.大学生体育态度和体育行为现状的调查与分析 [J].吉林体育学院学报，2006，22（1）：54，57.

④ 张庆义，刘伟.大学生体育锻炼态度与锻炼行为的相关研究 [J].湖北体育科技，2019，38（5）：461-466.

⑤ BIONDOLILLO M J, PILLEMER D B.Using memories to motivate future behaviour: an experimental exercise intervention[J].Memory, 2015, 23（3）：390-402.

⑥ 张磊.体育课程与教学内容领域若干核心概念辨正 [J].体育学研究，2021，35（6）：63-69.

三、身体活动

（一）身体活动的界定

在中国青年运动词典中，身体活动被解释为"引起能量消耗水平超过安静时代谢率的人体运动"[1]。聂东风将身体活动定义为肌肉收缩所产生的导致人体的能量消耗巨大增加的身体运动。[2] 简单来说，身体活动行为是主要在闲暇时间里进行的、以健康为主要目的、具有一定强度、频率和持续时间的身体活动，主要包括两个部分：体育活动和日常体力活动。身体活动既包含日常体力活动，如骑车上班、上楼梯等，也包括一些体育运动和体育锻炼。赵金龙认为，体育运动是指在参加各种体育项目中所进行的身体活动，常带有一定的竞技性，如足球、网球、高尔夫等，以及运动竞赛训练（如田径或铁人三项）。[3] 体育锻炼即大众健身活动，其是主要以增强体质、休闲娱乐以及塑造身型等为目的而进行的身体活动。体育锻炼，如游泳、跑步、健步走、骑自行车、器械运动、太极拳、气功以及群体锻炼（比如有氧运动、跳舞、各种健康锻炼项目）等是比较常见的。以上两种在实际生活中有部分的重叠，在此次调查中不作区分，一并称为体育运动。

（二）身体活动的相关研究

一些常见的生理疾病，比如心血管疾病、高血压、肥胖引起的相关疾病，还有因心理健康问题引起的抑郁症、焦虑症等与人们的生活方式及锻炼习惯有很大的关系。诺里斯、卡罗尔、科克伦探讨了青少年中体育活动和心理健康的关系，提出体育活动可以降低青少年的悲观感和焦虑行为，可以作为提高青少年心理健康的一个干预措施。[4] 杨辉在学生身体活动水平与体质健康现况研究中通过回顾性调查，让学生回忆过去一年的关于身体活动情况并得出结论，他认为学生总体身体活动能量消耗较少，身体活动水平较低；

---

[1] 张静如，王京生，郝瑞庭，等.中国青年运动词典[M].石家庄：河北人民出版社，1989：116.

[2] 聂东风.体育锻炼的科学理论与实践指导[M].西安：西北工业大学出版社，2013：24.

[3] 赵金龙.身体活动对健康影响的认知与理解[J].运动精品，2021，40（8）：59-60.

[4] NORRIS R, CARROLL D, COCHRANE R.The effects of physical activity and exercise training on psychological stress and well-being in an adolescent population[J].Journal of psychosomatic research, 1992, 36（1）：55-65.

女生身体活动能量消耗明显小于男生，在测试中，男生身体活动水平虽高于女生，但差异不是很明显；大四学生身体活动能量消耗和身体活动水平明显低于其他年级。① 由基维涅米、沃斯－休克、赛弗特进行的研究以 433 名成人为调查对象，主要针对的是结果期待和情感态度对身体活动的影响。结果显示，积极的情感态度使人们参加和坚持身体活动的动机更高。②

第二节　基本理论问题分析

一、体育课程评价的本质

体育课程评价是教育评价的组成部分，是一般评价活动在教育领域的具体表现，是按照一定的评价标准，运用科学的方法和手段，对体育课程的要素、过程和效益进行价值评判的活动。在这一评价活动中，评价的主体是实施课程的社会群体及其组成的组织机构，如学校领导、各级教育行政部门甚至国家等。客体是指体育教学的实践对象，可以是体育教学的各要素、活动的对象等。因此，在进行体育课程评价时，首先应搞清主体的需要是什么，即在体育教学中培养什么样的人，达到怎样的终极目标，而且还要分析客体，即体育教学的属性和功能。体育教学具有向学生传授体育知识、培养学生体育能力、完善学生个性、品德以及让学生掌握科学的锻炼方法等方面的价值，所以应建立起正确的主客体之间的价值关系，或者说树立正确的体育课程价值观。

目前在体育课程评价中，亟待解决的问题之一就是如何确定评价标准。根据以上对评价及体育教学评价本质的认识，我们初步认为，体育课程评价的基点应从培养人的目标入手。

---

① 杨辉.培养大学生"体育锻炼习惯"途径与方法的研究[J].体育世界（学术版），2016（11）：151-152.

② KIVINIEMI M T, VOSS-HUMKE A M, SEIFERT A L.How do I feel about the behavior? the interplay of affective associations with behaviors and cognitive beliefs as influences on physical activity behavior[J].Health psychology, 2007, 26（2）：152-158.

二、体育课程评价的特点

正确认识体育课程评价的特点，对正确地组织开展评价活动，充分发挥评价的各种功能有着重要的作用。

（一）体育课程评价功能的决策性特点

体育课程评价的功能具体地说有导向、激励、协调、控制、管理等方面的功能，但概括起来则是通过广泛收集分析各方面的信息，综合判断课程教学现状所达到教学目标的程度来决策教学实践活动的运行。例如，教师可以通过反馈信息协调教学程序，改进教学方法，作出正确的决策，使教学沿着既定的课程目标前进。学生则可以通过信息反馈判断自己的学习是否存在问题。通过评价课程的管理还可得到教学决策信息，从而加强课程教学工作的管理。

（二）体育课程评价指标的客观性特点

教学评价的目的在于揭示教学的真正价值，因此必须做到评价指标的客观性，以便实现有效评价的结果。在我们制定评价指标时应符合全面性、具体性、预测性原则。评价指标应力求全面，能全面反映体育课程教学的状态及其效果。评价指标还需具体明确，制定评价指标应从分析课程教学过程的基本因素入手，精选那些能反映教学质量的主要因素并对其进行分析，以及依据各因素的重要程度，赋予不同的权重值。要使评价具有客观性，必须使评价精确化，即需要实施测量，这就要求选取指标时首先应考虑选取那些可以用某些测量手段进行测量的指标，以便进行客观的评价。预测性原则是指在指标确定前对评价对象进行预测看指标是否合理可行，以保证指标符合评价要求。

（三）体育课程评价过程的有序性特点

体育课程评价是一个有序性的过程，由计划、实施、检查、总结四个阶段构成。计划阶段主要是制定评价方案，评价方案反映了评价的决策，是评价工作的依据。实施阶段主要是做好评价的组织工作，明确工作职责，按评价方案开展评价活动，工作重点是收集和处理评价信息。检查阶段主要是了解评价方案执行的情况，纠正偏离的数据和典型材料，提出评价结论，改进课程评价制度。总结阶段主要是对评价方案执行的整体情况进行总结。

第三节　体育课程评价的具体内容

体育课程评价的内容包括对学生体育学习、教师教学和课程建设评价3个方面。

一、学生体育学习评价的内容

（一）体能的评价

发展体能是体育课程的重要目标，依据"健康第一"的指导思想，以及考虑到目前我国青少年儿童的健康现状，将体能作为学生学习成绩的评定内容之一。

由于不同性别、不同年龄以及不同地区、不同学校学生的体能和运动技能水平存在着差异，即便是同一地区、同一学校、同一年龄和性别的学生在不同时期的体能与运动技能水平也会有所不同。如果简单地用统一的、一成不变的评价标准要求所有的学生既不公平也不合理。体能评价应根据不同水平的学生体能发展目标与内容框架，考虑学生在体能、兴趣、爱好、特长等方面的差异，使学生可以自主选择体能测定的项目进行评定。在对学生的体能成绩进行评定时，应结合各年级学生的年龄特点，参照《国家学生体质健康测试标准》，结合学生的个体基础与进步幅度进行成绩评定。在对学生的体能进行评价时，体育教师应根据本校学生的实际情况，确立符合实际的、科学合理的考核标准，以激励学生努力学习，并提高体育教学的质量。

（二）知识与技能的评价

体育知识与技能学习成绩的评定内容主要包括学生对体育的认识，对体育知识和方法的掌握与运用，以及专项运动技能的掌握与运用情况。

学生体育课的运动技能评价应根据各个学校所选择的具体内容加以确定。高中以上学段大部分采用的是选修教学，学生可以根据自己的条件和运动爱好在学校确定的范围内选择运动项目作为学习内容。在评价专项运动技能的掌握与运用情况时，应根据各校和学生选择的具体运动项目进行，可以采用规定动作的展示、在教学比赛中学生所学专项运动技能的运用、学生自己选择擅长技能的展示等方式对学生进行综合评价。

（三）学习态度的评价

《基础教育课程改革纲要（试行）》明确指出："评价不仅要关心学生的学业成绩，而且要发现和发展学生各方面的潜能，了解学生发展中的需求，帮助学生认识自我、建立自信。"课程评价应十分重视对学生体育学习的综合评价，强调在评价体能和运动技能的同时，更重视学生的学习态度。

体育课程的重要目标就是要树立学生对体育与健康的正确认识，使学生形成正确积极的体育与健康态度，形成运动爱好和专长，培养学生锻炼身体的习惯，为实现终身体育奠定基础。因此，学生对待体育课程学习的态度应是体育学习成绩评定的重要内容。对于学生学习态度的评价主要包括学生在体育课上的出勤与表现、学生在课外运用所学知识与技能参与体育活动和健康教育活动的行为表现等，具体可以从以下几个方面来评价学生的体育学习态度：

（1）能否主动地参与体育活动？

（2）能否运用所学知识和技能参与体育活动？

（3）能否积极主动地思考，为达到目标而反复练习？

（4）能否积极投入健康教育活动？

（四）情意表现与合作精神的评价

提高学生的情意表现与合作精神是体育课程的重要目标之一。在体育课中，学生的情意表现主要包括能否战胜胆怯、自卑，充满自信地进行体育与健康活动；是否敢于和善于克服各种主、客观困难与障碍，挑战自我、战胜自我，坚持不懈地进行体育与健康活动；能否善于运用体育活动等手段较好地调控自己的情绪等。学生的合作精神则主要包括能否理解和尊重他人，并在体育课程的学习过程中表现出良好的人际交往能力与合作精神，努力承担在小组学习与练习中的责任，如为小组的取胜全力以赴；能否遵守规则、尊重裁判员；能否在学校和社会的体育活动中履行自己的权利和义务，表现出勇于承担责任的社会行为等。

（五）健康行为的评价

为了使学生更系统地学习和掌握健康知识，提高健康意识，形成健康行为和良好的生活方式，在各学段体育与健康课程标准中，除了设置运动技能系列以外，还应设置一个健康教育专题系列。因此，学生的健康行为评价内容主要包括是否有不良生活习惯（如是否吸烟和酗酒等），是否学会制定并遵守合理的作息制度，是否注意个人的卫生，是否为维护公共卫生而努力等。

二、教师教学评价的内容

教师教学评价包括对教师完成各方面工作的数量、质量和价值的评定。教师教学评价，是指对教师专业素质和课堂教学两方面的综合评价。

（一）教师专业素质评价

体育教师的专业素质评价，应包括对教师职业道德、教学能力和教育科研能力三方面的考核评价。

职业道德主要是指教师的敬业乐业精神以及对学生的热爱和尊重。

教学能力主要包括对教学内容的领会和掌握程度，对现代教学理论和教学方法的掌握及运用程度，从事体育教学必需的基本技能，激发和保持学生运动兴趣、促进学生形成体育锻炼习惯的能力，运用计算机与多媒体辅助教学以及开发和运用体育资源的能力等。

教育科研能力主要包括学习能力和研究能力。

（二）课堂教学评价

评价的目的是通过注重发展性的评价促进教学工作的不断改进。

评价的内容包括教学目标、教学的组织和课的结构、教学内容的质与量、师生间的交流和关系、教学技巧和授课能力以及教学目标的实现程度等。

教师教学评价既可用于对某一堂课的即时性评价，也可用于进行阶段性课程或整个课程的评价。评价时应关注教学活动的有效性，即教学活动对达成教学目标的有效程度。同时，教学评价不但应注意教师教学行为的评价，还应该特别注意对学生在学习过程中的反应和学习前后变化的评价。

三、课程建设评价的内容

课程建设评价主要对以下方面的情况进行分析评估：

第一，是否制定了课程规范性文件（包括课程实施计划、课程实施方案、班级教学计划）以及这些规范性文件的完善程度。

第二，是否建立了课程及教材的审查管理制度和课程评价制度，以及这些制度的实行情况。

第三，课程体系、课程结构的完善程度和课程内容的先进性。

第四，教材建设评价，包括教材建设的完善程度，教材在使用中表现出的优点和不足，教师、学生和学科专家对教材设计和编写的反映等。

第五，课程实施保障状况，包括合格师资配备、师资培训、场地器材和经费方面的保障状况等。

第六，课程目标的达成程度。

第四节　体育课程评价的指导内容

一、体育课程评价理论及其发展趋势

（一）课程评价概念辨析

美国教育评价标准联合委员会（Joint Committee on Standards for Educational Evaluation）1981 年给"评价"下了如下定义：对某一对象（方案、设计或者内容）的价值或优点所作的系统探查。而所谓的课程评价，则是以一定的方法、途径对课程与教学的计划、活动及结果等有关问题的价值或特点做出判断的过程。

需要说明的是，我国课程评价对象的范围有一个演变过程。在西方，使用的是"大课程"概念，课程内含有教学，因此课程评价也包括教学评价。我国的教育学、教学论是中华人民共和国成立后从苏联引进的，是一种"大教学"体系，课程是由国家统一设置的，因此一直只有"教学检查"而无"课程评价"。20 世纪 80 年代以来，随着各种教育观念的变化，特别是课程开发权力开始逐渐由中央下放到地方，课程评价才越来越重要，且在概念的使用上逐渐与西方趋同。

（二）体育课程评价的价值取向

课程评价的取向是指一种课程评价所体现的特定的价值观，它是对课程评价的本质的集中概括。从取向的维度大致可将它分为三种：目标取向评价、过程取向评价与主体取向评价。目标取向评价是把评价视为将课程计划或教学结果与预定的课程目标相对照的过程。目标取向评价追求评价的客观性和科学化，预定目标是评价的唯一标准。在这里，评价者是主体，被评价者是客体。过程取向评价试图使课程价值摆脱预定目标的束缚，强调把教师与学生在课程开发、实施以及教学运行过程中的全部情况都纳入评价范围，强调评价者与具体评价情境的交互作用，主张凡是具有教育价值的结果，不论其是否与预定目标相符合，都应当受到评价的支持与肯定。它对人的主体性、创造性给予了一定的尊重。主体取向评价认为，课程评价与教学是评价者与被评价者、教师与学生共同建构意义的过程，评价过程是一种民主参与、协商和交往的过程。价值多元、尊重差异是主体取向评价的基本特征。受此影响，体育课程评价也有目标取向评价（终结性评价）、过程取向评价（过程性评价）、主体取向评价（主体性评价）之分。

（三）体育课程评价的发展趋势

目标取向评价推进了课程评价科学化的进程，它简便易行、易于操作，因而在实践中一直处于支配地位。其缺陷在于忽略了人的行为的主体性、创造性和不可预测性，忽略了过程本身的价值。过程取向评价的价值在于它开始承认评价是一种价值判断过程，它把人在课程开发、实施及教学运行过程中的具体表现作为评价的主要内容，对人的主体性、创造性给予了一定的尊重；不足之处在于它并没有完全冲破目标取向评价的束缚，对人的主体性的肯定不够彻底。主体评价取向认为，评价者与被评价者、教师与学生在评价过程中是一种"交互主体"的关系，评价是一种价值判断过程，这种价值是多元的，它以人的自由与解放为评价的根本依据。毫无疑问，主体取向评价体现了课程评价的时代精神。我国以前的教学大纲基本上采用的是目标取向评价，已不符合课程发展的潮流。中国未来的体育课程改革首先应重视评价过程，把课程评价视为课程改革的有机构成；其次，要充分理解课程实践，尊重评价对象的主体价值。超越目标取向评价，走向过程取向评价和主体取向评价将成为时代发展的必然趋势。

二、体育教学评价在工作过程中的特点

（一）平面具体内容

在对高校的体育教学工作进行评价的过程中，其考核内容应当具有综合性，对学生的体育训练学习效果进行检查主要是按照学生对学习体育知识技能的掌握以及教师制定的相关标准的评价方向而制定。通过这一过程既能够帮助教师明确教学的方向，也能够对学生的行为规范形成约束，让学生在

学习过程中向着更加明确的方向发展，从而实现"健康第一"的体育教学思想。当然，对教学效果进行测评还要对教师在日常教学过程当中对学生的教学进行评判。当前时代背景之下，健康的体魄已经成为学生能够持续性学习的发展需要，是对学生未来乃至终身的最为基础的前提和保障。这就意味着在对学生进行健康体魄的教学时，需要帮助学生进行更深层次的体育思想教学，让学生能够真正地发自内心地喜欢体育，能够在没有教师监督的条件下进行体育活动。因此，需要体育教师充分明确体育教学的成绩是具有多方面作用的，其最终的结果并不只是课堂上体育内容的教授以及校内体育活动的形成。更为重要的是，学生能够通过体育教学感受到体育活动的乐趣，从而在课堂以外的时间内进行更多的体育活动，养成良好的运动习惯，从而将体育锻炼转化成为一种自身的行为习惯，在热爱体育、自愿进行体育运动的基础上进行更多的锻炼。这样的高校体育教学才算真正意义上能够满足学生身体健康发展的需要。因此，学校在制定高校体育教学评价的内容时，需要将不同的运动形式包含在其中，并制订全方位的考量计划，该计划应当包含运动技巧、操作技巧以及基本体育动作等方面，教师在课堂中应当进行全方位的覆盖，与此同时需要融入运动发展历程、起源经过、体育内涵、发展现状等体育背景知识，以满足不同类型学生的需要，以保证考查工作的效果及其准确性，之后还要结合学生课堂教育实际表现对体育教学进行评价。

（二）评价标准

在对高校体育教学进行标准评判的过程中，需要保证评价标准具有独立性和发展性，能充分尊重学生与学生之间的差异性和个性化发展，能够更好地实现学生的个性化教学，保证体育教学满足因材施教的发展需要。在进行相关评价标准的制定时还需要考虑特殊性与发展性的标准与要求，对不同的学生采取不同的评价标准。例如，对于擅长技巧型的学生，教师在对其进行体育教学评价时可以考查他们对运动技能的熟练程度；对于擅长战术安排的学生，教师可以考查他们对运动战术的合理安排以及其可行性分析；对于在体育运动的发展历史方面具有浓厚兴趣的学生，教师在进行体育教学的改革时可以将考查体育运动形式发展历史的掌握程度作为考试重点；等等。这样的评价方式能够促进学生的多样化发展，在一定程度上能够进一步提升高校体育教学评价工作的公平性，减少因体育教学形式的单一而忽略学生的兴趣，导致学生的个性化发展不能得到满足。

三、学校体育课程评价的基本步骤

体育课程评价是一项技术性很强的工作，能否科学合理地组织评价工作对评价的质量与结果的可靠性有着重要的影响。进行学校体育课程评价的一般步骤如下：

（一）组织准备阶段

（1）明确组织评价的部门和被评价的范围（单位、个人）。评价工作可以在不同层面上进行，但是组织评价从工作性质上来说应具有直接性（上下级关系、协议约束关系等）。

（2）确定评价的目的。任何评价都必须明确评价的目的，因为它对评价什么、如何评价有重大影响。

（3）选择评价方法。根据不同的评价目的，可以选择以目标为标准的终结性评价方法，也可以选择对整个工作过程进行的评价，即形成性评价方法，同时可选择相对评价方法或绝对评价方法等。

（4）制定评价指标体系。首先，要筛选出最能反映或代表评价对象情况的内容项目，使评价目标变为能够测量的具体指标或尺度，并形成一定的指标体系；其次，要在多次调研和征求意见及试评的基础上，确定评价指标体系中各指标的权重系数；最后，要坚持在评价指标体系中采用定性与定量相结合的方式。评价指标体系应由专家小组制定，并经过反复论证，征询群众意见，尤其要征求评价对象的意见。

（5）安排评价进度。安排评价时间要注意给评价对象充分准备的时间，安排评价过程要依据精练高效的原则。

（6）组织遴选评价成员。评价工作能否客观、公正进行的一个关键因素是确定评价成员。为做好某一评价工作，必须注意选拔那些作风正派，既懂业务也懂管理并且熟悉评价工作的专家组成评价组。

（7）准备评价用具。即根据评价方案的内容和要求，制作各种调查表、统计表、测试表、问卷等，以供搜集信息、实施评价阶段使用。

（二）检测实施阶段

检测实施阶段是整个评价工作的中心环节，也是决定评价成败的关键阶段。此阶段的主要任务如下：

（1）全面搜集评价信息。将事先准备好的各种测试、调查表，通过一定的组织形式，组织有代表性的人员填写；对需要访谈、听汇报的内容，要注意记录、整理和归纳。只有在大量拥有所需资料信息的基础上，才能为客观公正的评价结论奠定基础。

（2）处理评价信息。为了快捷、准确地处理评价信息，必要时可以采用计算机。

（3）作出评价结论。在汇集各项评价指标测评等级的基础上，全面、准确、客观地得出评价结论和原因分析。

（三）总结阶段

总结阶段是评价的中介环节。即对评价结果作出客观的分析，肯定成绩，找出问题，帮助指导被评对象作出相应的调整决定，以便决定最终目标。

对于评价结果的表述，由于被评价事物的复杂性，仅用单一的定量表述或定性表述是难以完全真正地反映形成评价结果的原因的，所以需要将定性语言的描述和定量分析结合起来，将评价结果和原因分析反馈给评价对象并向有关部门作出评价报告（图2-1）：

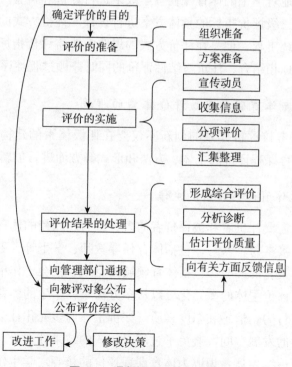

图 2-1　课程评价的基本步骤

四、体育课程评价的创新研究

（一）创新体育课程评价体系和考核模式

体育课程评价体系的设计要遵循体育课程的教学目标，设置包括身体素质指标、行为和情感指标在内的多方位指标系统，将体育知识和技能紧密结合，有利于学生身心健康和体育锻炼意识的培养。评价体系可以分为包括体育技能、健康素质、体育行为、体育情感4个一级指标，在每个一级指标下又涉及11个二级指标，包括运动知识、运动技能、身体素质、形态技能、健身知识、心理健康、社会行为、社会适应、情感、态度、价值观，在这11个二级指标之下，每一个二级指标下又包括2～3个三级指标，细分到具体的运动常识类别，如运动知识指标下的三级指标包括科学地掌握和控制运动负荷、较熟练地处理常见的运动损伤、对锻炼效果进行正确的评价。

而在健康素质这个一级指标下又包括身体素质、形态技能、健身知识和心理健康四个二级指标，体育角度的健康指标包含从生理素质到意识健康和心理健康的全方位评价。只有从全方位的一级指标下具体化二级、三级指标，才能有效地对学生的体育课程教学效果进行评价和检验。而评价方法的制定就是依据三级评价指标的具体方案进行设计。评价方式的制定是一个细致而复杂的系统工程，但是在评价方式的思路上要将评价指标体系里的定量指标和定性指标相结合，注重终结性评价的同时兼顾过程性评价。

（二）创新体育课程考核评价体系的措施

体育课程考核评价体系的创新不仅要在评级体系的建构上发挥创新作用，更要在体育课程评价的主体、方法和形式等方面进行创新改革。

1. 多元化体育课程评价的主体

评价主体需要评价者和被评价者的多方参与，高校的体育课程评价主体需要教学的直接参与者参与，包括体育任课教师、学生等，更需要不同社会角色的利益相关者的参与，包括体育领域的专家、社会工作单位、体育社团和学生家长。评价主体的多元化可以从多方面考核学生的体育素质，包括身体素质和体育行为、情感和态度素质。评价主体的多元化社会角色给评价对象带来了充足的发展空间，避免了过度封闭式的结果性评价，让终身体育和终身学习的可持续发展意识成为体育课程评价的核心。学生作为体育课程的直接体验者，对体育课程的教学过程有最直接的体验，对体育专业课程实施的优缺点有直接的体会，所以学生应该成为体育课程评价的主要组成部分。而社会体育社团和企事业单位的代表是作为体育教育培养的人才的用人单位，对社会所需的高素质人才所应具备的体育素质最为清楚，他们作为体育课程评价主体的组成部分对体育课程评价体系的建构具有很强的现实意义。

2.多样化体育课程评价的方法

体育课程的评价体系建构需要考虑多方位的评价内容，而具体的实施要依靠多样化的课程评价方法。体育课程评价方法相比于其他科目评价方法要自由，考核方式更灵活，体育课程评价的分数只能从单一方面对学习效果做出评价，而多样化的评价方法能够对学生进行全方位的综合性评价。例如，学习日记、问卷访谈和调查问卷等都是体育课程评价的实施方法，对于不同类型的体育课程会有不同的课程教学，而不同的教学方式和不同的教学对象也应该采用有差异的评价方法。多种灵活的评价方法包括不同维度的评价，如自评和他评相结合，定量和定性评价相结合，以及结果性评价和过程性评价相结合等。多样化的评价方法可以使人们按照评价体系的不同评价指标灵活选择，以发挥各类评价方法的优势，达到一加一大于二的功效。多样化的评价方法可以全面评价学生的体育专业知识的掌握程度、学生的体育意志和锻炼意识的强弱、终身体育意识的思想等，使体育课程评价更加合理。

3.回归体育课程评价的价值取向

课程评价的作用是检验教学效果，而不是指导课程的教学取向，课程的设置、实施与评价应该构成一个互相促进的良性闭环。所以，在课程评价上的价值取向上要遵循学生为学习主体的地位，从学生个体的需要出发，引导学生成为一个勇于超越自我、不断成长的终身锻炼者。

"以学生为本"是高校体育课程评价的价值理念，建立以学生为主体的课程评价机制，要将体育课程的选择权和参与权最大限度地交给学生，体育课程评价应为学生的学习自我检测和自我促进服务。要达到"以学生为本"的评价目的，要充分结合社会发展的人才需要，通过课程评价检验课程设置是否为培养社会所需的体育人才服务，是否为适应社会的学生体育素质服务，而不是课程评价有什么内容，课程实施过程就教授什么内容，即应将体育课程评价的价值取向回归到"以学生为本"的核心理念上来。

4.将教师的评价与学生的评价进行充分融合

教师作为学生体育教学效果评价的唯一主体的形式在传统的体育教学工作中对学生的能力造成了一定的限制。单一化的评价方式导致体育教学的评价中蕴含了很多主观因素，这对学生来说并不具有客观的公平性。在现代化的体育教学过程中，也应当使相关人员积极参与评价工作，使评价工作的最终决定者并不只是教师，以避免因教师的主观偏颇导致的对学生教学成绩认定不公平的现象。基于当前形势下的高校体育教学工作，我们可以直观地得出，学生在体育教学过程中全程参与，学生是对自身掌握程度及教学工作最为熟悉的人，学生在各个方面都有着比教师更为清晰的了解。因此，在对学生的体育教学成绩进行评价时，可以将教师的主观评测作为评价的一部分，另一部分则让学生展开自我评价。这样的教学工作主体的转变能够更好地打破传统教学模式，帮助教学评价体系实现与时俱进的更新工作。这样的评价形式并没有得到教师的全部认可，因为仍有一部分教师认为将教学评价的权利给予学生会影响教师的权力与地位。而如果在教学过程中能够借助第三方网课教学平台将学生的个人评价与教师评价有机结合起来，就能大幅度地提升公正程度，实现教师带领和指导下学生对自身的发展情况进行更全面客观公正的评价。学生能够根据自身的学习情况设定自身的体育学习目标，在学期结束之前对自身的目标完成情况进行全方位的评估。学生作为对自身学习情况最为了解的个体，只要教师能够正确地引导学生树立评价观念，学生就能够明确自身的努力方向，对自身学期内的体育学习进行正确公平的评价。

第三章　体育课程过程性评价与多元评价

第一节　体育课程过程性评价

一、过程性评价的特点

体育是学校教育的重要组成部分，其最终目的是培养学生的体育锻炼和健康意识，提高学生体质健康水平和运动技能。所以，学生的身心健康尤为重要。体育成绩考核在体育教学过程中是最重要的环节，通过体育成绩考核，一方面是为了检查学生的学习效果和身体健康水平，另一方面是对体育教学质量的检验，以及学校体育管理的优化和调整。成绩评定的优良与否，将对学生的身心产生重要的影响。科学、客观、合理的成绩评定，不仅能够激发学生的学习积极性，而且能够培养学生"健康第一"的思维理念，提高学生的体育锻炼意识和身体健康水平。

过程性评价关注的是整个学习过程。与结果性或终结性评价相比，过程性评价不仅重视过程，也关注结果。过程性评价是具有一定的连续性、持续性的评价机制，贯穿于整个学习过程。通过采用过程性评价，使学生逐步建立评价概念，了解和掌握评价方法，促使学生进一步转换观念，将每一个环节的过程性评价作为期末总评的一部分。通过持续性、连续性的学习和使用，最终将有效提升学生的终身体育锻炼意识，提高学生的身体素质水平，改善体质，增进健康。使用过程性评价，既能够及时地对学生的学习效果进行评判，又能够在评定学生成绩的同时发现诸多不足，这符合体育成绩多元化的发展需求，有利于激发学生的学习兴趣和自主能动性，能进一步增强学生的自信心和荣誉感，体现出了成绩评定的合理性、公平性。

二、过程性评价的意义

（一）进一步优化评定机制，使成绩考核更加客观、合理

良好的评价机制能够对学生的学习成果起到积极的作用，尤其是在体

育教学过程中，其教学主体内容主要以实践为主。传统的教学评价主要以学期末终结性评价为主，这种单一的评价模式不能有效地体现出学生的学习过程，严重制约了学生学习的主动性和积极性，阻碍了学生在整个教学过程中树立逐步提高的心理能动性，并且因一次性的考核，而易使学生承受较大的心理压力和身体负担。有关学者对美国高校公共体育课教学考核的分析中指出，美国高校中的体育教学考核主要是通过学生学习和锻炼过程来进行评价，上课就意味着考核，考核主体由教师和学生共同完成，强调学生的实践性、创新性和分析解决问题的能力，学生的期末考试只是总评中的一部分，注重学生学习能力的培养，重视学生学习参与的过程和综合能力的评价，并充分考虑学生的个体差异性。在每一个教学环节中，学生有了明确的目标与任务，教学活动结束，考评也随即完成。因此，体育课堂氛围和学生的学习兴趣得到了较大的提升，学生完全参与整个体育教学活动，从而对体育教学质量起到了积极的促进作用，并且过程性评价体现出公平性。

（二）进一步促进课内外一体化教学，提高学生的自主能动性

目前，在我国大部分高校体育教学中，体育课基本上是以每周一次课为主。这就意味着学生的课余时间充足，为能有效地将学生的课余时间利用起来，越来越多的高校体育教学采用"课内外一体化"进行改革与创新，将学生的课余时间纳入体育教学活动，这样不仅增强了学生对体育运动的认知能力、体育锻炼的态度以及课外锻炼的参与度，而且有效地培养了学生的终身体育锻炼意识，兼顾了学生的课余锻炼效果。过程性评价是"课内外一体化"的具体表现形式，能够将课内外考评有效地衔接与融合，激发了学生体育锻炼的热情和自主能动性。

（三）进一步强化"运动是良医"的理念

"运动是良医"是由美国运动医学会和美国医学会共同发起的运动健康促进项目，是运动和体力活动预防和治疗慢性病不可或缺的理念。已有研究表明，日常较高的、规律性的体力活动可以对身体产生较大的健康效益，人体的体力活动水平越高，获取的健康效益就越明显。运动与体质健康是密切相关的，体育运动影响着体质水平和健康状态。反过来，体质水平和健康状态也影响着体育活动的水平。因此，过程性评价又是"运动是良医"的一种具体表现形式。通过体育教学各环节的目标与任务在过程性评价中的体现，可以促使学生规律性、持续性地走到阳光下，走到运动场完成相关的目标与

任务，进一步提高学生的运动技能和身体素质，改善体质，增进健康。

（四）进一步拓宽和丰富校园文体活动

众所周知，各高校有着多种多样的体育社团，很多校园体育活动都依托这些体育社团组织开展。尤其是一些普及率较高的体育项目，如篮球、足球、排球、乒乓球、羽毛球等每学期都有班级或院系举办比赛活动。通过过程性评价的开展，大大提高了学生的运动热情，进一步扩大了学生参与体育活动的人口基数和范围，有效地促进了体育社团的建设和发展，通过一系列校园体育活动的开展，加深了学生对相关体育项目的认知和技术水平的提升，丰富了学生的校园体育文化生活。

三、过程性评价的价值

（一）突出学生体育学习的过程

过程是指事物发展所经过的程序，过程性评价突出学生体育学习的过程，关注学生体育学习的步骤，能够围绕学生体育学习过程中出现的优点与不足开展评价工作。例如，在学习篮球技战术后，有的学生能够较好地在教学比赛中应用学到的篮球技战术，而有的学生则缺乏对技战术的应用。教师可以按照学生运动水平的高低进行差异化分组，每个小组 5 到 6 人。教师给出篮球模块学练的技战术列表，每节课讲解新授内容 10 分钟左右，然后给每个小组 10 分钟左右的时间自主练习。学生除了练习本节课新授内容，还可以参考列表自主安排一些练习。最后开展 15 分钟左右的教学比赛，每节课的小组战绩积分作为小组全体成员的平时成绩进行累积。学生通过分组和过程积分，促进了帮、赶、超小组学习氛围的形成。这对提高他们应用篮球技战术的能力起到了有效的作用。

（二）分析学生体育学习的趋势

趋势是指事物发展的动向，学生体育学习的趋势是指学生在体育学习的过程中的发展方向。在教学实践中，学生可能向着高质量学练的方向发展，也可能向着停滞或退步的方向发展。教师能够及时发现学生体育学习的趋势是备学情①的必要条件之一。例如，在小组篮球对抗练习赛中，有的小组逢赛必输，比赛积分永远处于垫底位置，这种情况教师要及早发现，并分析成因，以围绕成因开展后续的教学工作。有的小组可能积分比较多或处于中等水平，但都是因为有运动表现突出的成员，其他成员实际上极少有持球的机会等。教师分析学生体育学习的趋势，可以备好学情，提高学练效率与质量。

（三）引导学生体育学习的走向

走向是地质学用语，指地质体的水平延伸方向，此处的走向是指教师基于学业评价标准，有序地引导学生向着积极、主动、高质量、高效率的方向发展。例如，教师围绕篮球小组技战术练习内容列表，引导篮球小组学练的目标走向。当学生小组的比赛排名慢慢趋于稳定时，学生便有重新调整组员的需求。教师需要重新组织分组，以保持全体组员有较高的学练情绪。有时还需要进行合理分层。高中阶段的学生篮球基础差异较大，为了每一位学生都能获得提升，教师可按照学生的运动水平进行分层，水平高一些的学生分组开展比赛，水平较低的学生分组则尽可能通过小组合作获得快速且高质量的发展。

四、过程性评价在高校体育教学中的实践应用

（一）体育教学主管部门的管理

首先，体育教学主管部门应转变思维理念，对现行的教学评价机制进行重新审定，实施过程性评价机制，制定合理的考核评定框架。教学评价应注重对教学过程以及过程中所产生的价值和效果进行评定。体育教学的评价机制需重新构建。其次，正确引导广大体育教师转变观念，鼓励教师创新教学方法和考核评定方式。最后，在教学活动中，应给体育教师一定的自由度，允许体育教师在相应的框架下根据自己所带教学班的实际情况制定相应的考核内容、评价标准和方法。

（二）教师观念的转变

终结性考核评价方式已使用多年，体育教师易受传统观念的影响和束缚，且过程性评价与终结性评价相比更为繁杂。过程性评价的实施应用，将

---

① 备学情：备学情就是指了解学生的身心特点。学情是我们教学的起点。学生的身心发展因年龄不同而表现不同的特点，这些特点制约着教学内容和教学方法。在进行备课时，要求全面了解和分析研究学生情况只有这样才能因材施教。

不断提高体育教学质量。体育教师需根据教学过程中各个环节的标准，制定相应的可行性目标与任务，并分类管理相应的评定标准。通过一定时间的积累与调整，其将带动教学内容、形式、方法以及课程等方面的创新与发展。同时，依据学生的独特个性和自身不同的体育技能，制定合理的过程性评价标准。此外，教师需发挥"慧眼"的作用，通过日常观察，对全体学生进行综合量化评价。在最终的过程性评价成绩中，教师评价、学生互评以及学生自评三种方式应该各占比重，学生是学习的主体，此做法落实了将学习的主动权交给学生，充分发挥了学生的主体作用。因此，这将对体育教师提出更高的要求，教师的观念要转变，心态也要调整。

（三）学生对体育学习态度的转变

终结性评价强调以事先制定好的统一标准衡量所有的学生，而体育课程有其自身的特点，不同学生的身体素质也有所差异，如果以相同的标准、统一的衡量尺度评价学生的学习效果，是一种不公平、不人性化的评价模式，这明显忽视了学生的个体差异性。过程性评价在高校体育教学中的实践应用，就是把对学生的学习总要求进行合理分割，制定各组阶段性学习目标，采用不同的评价标准，让学生看到自己的进步，从而提升对体育的学习态度。

（四）过程性评价表格的制定，实现定期的教学反思

虽然过程性评价方式是由学校统一实施的评价方式，是对高校体育评价机制的完善，属于一种创新成果。但是，过程性评价方式的实施还要依赖于具体的设置，需要任课教师根据不同班级学生的实际情况进行精心设计和安排，针对不同学生的实际学习情况进行精准分析，选定合理的过程性评价内容，最后制定具体可行的考核标准。此外，教师也可以根据学生学习的进度设置考核内容及评价标准。总之，体育教师在运用过程性评价的过程中，需要严格制定过程性评价表格，定期进行反思。

（五）改变单一的评价模式，实现评价主体多元化

传统的教学评价注重体育教师的"大权独占"，这不利于实现教学评价的公平性。在教学评价过程中，实施过程性评价的同时鼓励多个主体的参与，这对评价结果和学生能力发展方面也大有裨益。首先，学生能在锻炼中正确认识自我，促进自我反思，从而不断完善和发展自我；其次，促进学生

在体育学习的过程中提高自我学习的能力，明确掌握自己的优势和不足；最后，评价主体的多元化，使教学评价的结果更加全面、更加客观，有利于教师深入了解学生，因材施教。

第二节　体育课程多元评价

一、体育"多元学习评价"的定义和理论依据

（一）体育"多元学习评价"的定义

体育"多元学习评价"是在对传统体育评价反思的基础上，按照新课程多元学习目标和多元学习评价的要求，在体育与健康课程学生体育学习评价中按多元化的理念构建多元评价体系，以一定的操作模式，对学生的体育学习进行综合评定。

（二）"多元学习评价"提出的理论依据——加德纳的多元智能理论

美国心理学家加德纳在 20 世纪 80 年代初期提出的多元智能理论对学习评价产生了很大的影响，他认为人的智能至少有语言智能、逻辑—数学智能、音乐智能、空间智能、身体运动智能、人际交往智能、自我认识智能七种，随着研究的深入，他于 1996 年又提出了第八种智能——自然观察智能。多元智能理论成为评价内容多元化的思考依据，它提醒人们注意学生的个体差异和发展的不均衡性，同时强调每一个学生的独特价值，主张尽可能构建有助于促进个体价值实现的个体化评价指标，它还从新的角度提供了涉及学生评价方法的新思路，为体育多元学习评价体系的构建提供了依据。

二、体育课"多元学习评价模式"的构建

（一）根据课程标准设计体育学习多元评价指标体系

教育工作者设计体育学习多元评价指标体系，是构建体育课"多元学习评价模式"的基础，也是体育学习多元评价工作的核心，它对评价起着统揽全局的作用。指标通常指被评价的因素，它是具体、可测的，是行为化的目

标。体育学习多元学习评价指标的选取要符合上述原则，另外，评价指标的内涵应有效体现事物的本质属性。体育学习涵盖了5个领域的学习目标，在体育学习评价上要求从体能、知识与技能、学习态度与健康行为、情意表现与合作精神等方面进行评价，注重形成性评价，强化评价的激励、发展功能，在体育学习多元评价指标体系的构建中，这些思想必须有所体现。在具体的评价指标设计时，还要考虑学校的具体教学实践。指标体系一般可以用下图来表示（图3-1）：

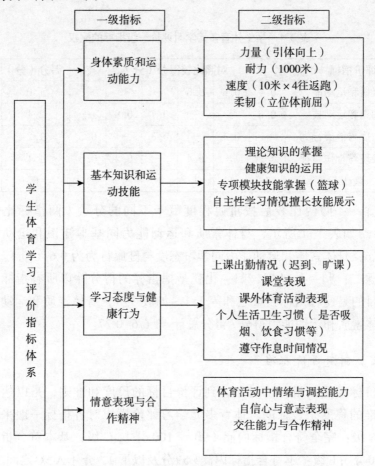

图3-1　体育"多元学习评价"指标体系结构

　　上面的指标体系分为一级指标和二级指标，一级指标体现了体育学习中的5个领域的学习目标，二级指标为所属一级指标的细化条目，而在小单元学习指标的设计上不必如此庞大，可相应缩减，即教师应根据实际情况酌情删减。

（二）确定指标权重

制定了多元学习评价的指标体系后，就要对体系内的各级指标体系分别确定权重。权重是用来区分各指标在评价体系中的相对重要性及表征指标之间确定关系的一组数据。在多元学习评价的指标体系中，各级指标的权重是不同的，重要指标权重较大。在指标权重的确定上，可以用对照配权法给多元学习评价的指标配权。以某校学生体育多元学习评价一级指标的配权为例（表3-1）：

表3-1　学生体育多元学习评价一级指标的配权

评价指标	对照比较得分（分）						得分（分）	权重
身体素质和运动能力	0.4	0.6	0.6	—	—	—	1.6	0.27
基本知识和运动技能	0.6	—	—	0.7	0.8	—	2.1	0.35
学习态度与健康行为	—	0.4	—	0.3	—	0.5	1.2	0.20
情意表现与合作精神	—	—	0.4	—	0.2	0.5	1.1	0.18
总计	1	1	1	1	1	1	6	1

步骤一：两两比较后按重要程度赋予不同的分数（两指标比较其总分为1）。如表3-1所示，身体素质和运动能力同基本知识和运动技能为0.4：0.6，身体素质和运动能力同学习态度与健康行为为0.6：0.4。

步骤二：归一化处理，归一化就是把指标的得分除以所有指标的总得分，其目的是使各指标权重之和等于1。如表3-1，身体素质和运动能力权重 = 身体素质和运动能力得分 / 得分总计 =1.6/6=0.27。

（三）制定评价标准

评价标准是衡量评价对象达到评价目标的尺度和准则，是以达到评价内涵标准的程度来表征的。体育多元学习评价模式对各指标一般采用5级评定。A级：完全符合指标内涵（90～100分）；C级：基本符合指标内涵（70～80分）；E级：不符合指标内涵（59分及以下），介于A、C之间为B级，介于C、E之间为D级。

（四）制定各级指标的内涵标准，选择评价方法设计评价表

为了便于实际操作，还要按照5级评定法制定各级具体的内涵标准和选择具体的评价方法。在用5级评定法制定各级指标内涵标准和选择评价方

法时，多元学习评价模式要体现新课程理念，并遵循定量评价和定性评价相结合、过程性评价和形成性评价相结合、绝对评价和相对性评价相结合的原则，强化评价的激励和发展功能。例如，上面对体能项目的成绩评定，可以参照《国家学生体质健康标准》用具体实测成绩和进步幅度相结合的方法进行等级评定。实测成绩和进步幅度两项指标中的一项符合某一评定等级即可评定为该等级，具体评价表的设计如表3-2所示：

表3-2 "体能项目评级"内涵标准

等级	A	B	C	D	E
内涵标准	实测成绩（90～100分）或提高四个档次	实测成绩（80～90分）或提高三个档次	实测成绩（70～80分）或提高二个档次	实测成绩（60～70分）或提高一个档次	实测成绩（59分及以下）或没有提高

定性化的评价内涵标准可以参照表3-3：

表3-3 "课堂表现评价"内涵标准

等级	A	B	C	D	E
内涵标准	遵守课堂纪律，积极思考，主动练习，学习习惯好，效率高	遵守课堂纪律，上课认真，思考积极，练习主动，学习方法效率欠佳	遵守课堂纪律，上课认真，思考积极，练习欠主动，学习方法效率较差	遵守课堂纪律，上课认真，思考不积极，练习欠主动，学习方法效率差	不遵守课堂纪律，上课不认真，思考不积极，练习欠主动，学习方法效率差

（五）选择评价形式

在确立了多元学习评价模式的指标体系，确定了各指标体系权重和指标的评价标准以后，再制定评价标准和各级指标内涵标准，既有了评价的对象，又有了评价的尺度，接下来就要选择具体的评价形式，体育学习"多元学习评价"根据各级评价指标的实际情况，采用学生自我评价、学生互相评价、教师评价三种方式相结合的多元评价形式。例如，上例"体能项目"的评价可用教师评价，"个人卫生习惯"可用学生自我评价，"课外体育活动情况"可用学生互相评价，"交往能力与合作精神"可以采用学生自评、学生互评和教师评定相结合的方式。

第四章　体育课程评价方法

第一节 体育课程评价方法概述

一、体育课程评价方法的概念

什么是方法？要给一般意义上的方法下一个全面准确的定义并不容易，专家从不同的角度有许多讨论，并发表了许多不同的看法。这里引用《现代汉语词典（第7版）》的解释：方法，即"关于解决思想、说话、行动等问题的门路、程序等"。那么，体育评价方法就是关于解决体育评价中问题的门路和程序。在体育课程具体的评价过程中运用的方法多种多样，主要以完成评价的任务为准，并力求做到操作简便、测评结果准确可靠。

二、构建评价方法的基本思路

（一）顺应"健康第一"的指导思想

在"健康第一"指导思想的指引下，教师主观定性评价和学生自我评价等都应围绕这一指导思想建立考核评价体系，确定评价方法，真正做到"以人为本，健康第一"，逐步改变以往"重运动技术，轻身心健康"的现象，从而淡化"竞技运动"的教学模式，使竞技运动教材化，把以往只注重提高身体素质转向身心全面发展的方向，有效贯彻"健康第一"的指导思想。

（二）尊重学生的个体差异，满足不同需求

（1）每个学生都有受教育和学习的权利。学校和教师要以学生的个性为本，学校不应按自己的意愿"裁剪"学生，这也是体育考核评价多样化、多元化的客观要求。

（2）体育课程应面向全体学生，目标实现中应因材施教。不同的教学对象要有不同的教学目标，不同的评价目标必须配有不同的评价方法。教学中应面向全体学生，并根据学生的先天条件、个体差异、兴趣爱好、健康状

况、性格特征等因材施教，保证绝大多数学生能完成课程学习目标。

（3）评价中平等对待每个学生。教师应针对学生本人的特点，注意个体差异，平等对待每个学生，在教学中使每个学生都能体会到学习和成功的乐趣，而且对学生成绩的评价也不能凭主观的好恶。

（三）激发和保持学生的运动兴趣

兴趣是激发和保持学生行为的内部动力，运动兴趣有助于学生坚持参加体育锻炼。体育课程评价方法要以不断满足学生运动需要为出发点，教学内容的选择要符合学生的身心发展特征，教师与学生要建立一种合作与互动的关系，教材要简单化、趣味化，一些竞技运动项目要通过改造，降低标准、改变规则，从而充分调动和保持学生的运动兴趣，这样能使评价方法更具实际意义。

（四）重视学生的主体地位，真正把体育课程目标落到实处

1998 年 10 月，联合国教科文组织在巴黎举行的世界高等教育大会上发表的《21 世纪的高等教育：展望和行动》，明确提出"以学生为中心"的理念。体育课程主要是以身体锻炼为主要手段，以学生发展为本，使学生对教育享有"参与性"和"选择性"。传统的评价方法不能充分体现体育课程的目标，因此需要构建新的考核评价方法，新的考核评价方法不仅体现在教学过程中要以学生为主体，而且要体现在学生对教学内容的选择上，要给学生提供最大的选择机会，包括学习时间、学习方式，要使学生的主体意识得到最大限度的发挥。2002 年 8 月教育部颁发的《全国普通高等学校体育课程教学指导纲要》第九条提出，"学生应具有自主选择课程内容、自主选择任课教师、自主选择上课时间的自由度"，这从真正意义上承认了学生的主体地位，有利于调动学生锻炼的自主性。从本质上看，体育课程目标是多维的，必须建立配套的课程学习考核评价体系。

三、体育课程评价方法的分类

体育评价方法分类有多种，目前大多数体育工作者根据定性与定量的标准来划分，把它分为定性评价法与定量评价法两大类。

第一，定性评价法。定性评价法是指评价者根据自己的主观经验与观察，对所评对象的性质作出判断。定性评价多采用一定的语言描述评价的结果，多是用来判断某一评价对象的好差、有无问题等。例如，在体育课中教

师对学生完成动作质量的评价。定性评价法在评价精度与评价的客观性上带着一定的局限性。

第二，定量评价法。定量评价法是指评价者用所测得的数据对评价对象进行量化评价的方法，与定性评价法相比，它能更客观、精确地对评价对象作出评价。

四、评价方法的创新之处

（一）有利于调动学生锻炼的自主性，做到"以人为本"

现代教学理念更注重以人的发展为中心，在教学内容上让学生有自主选择学习内容的权利，教学方法上更强调以学生主动学习为根本，对学习成绩评价能充分考虑学生相互间的个体差异以及学生在学习过程中的努力程度和学生自我的评价，激发了学生学习和锻炼的积极性。

（二）突出普通高校体育课程的健身性特点

高校应改变以运动技术传授与考核为中心的评价体系，逐步建立以"健康第一"为指导思想的新评价体系，把"未来人才"健康水平的培养放在战略位置，不仅要传授学生运动技术的方法，培养学生终身体育的思想，更重要的是通过理论知识的教育，引导学生的学习和生活向健康有序的方向发展，一切体育课程的教学活动都应围绕健身性，体育课程应在有限的时间里淡化竞技，注重健身，以身体锻炼为主要手段，培养健身习惯以使自身终身受益。

（三）调动教师工作的积极性，以利于教学过程中创新能力的发挥

"没有差的学生，只有差的老师"，教师在教学中的地位显而易见。在体育课程教学过程中，体育教师不仅应是运动技能的传授者和教学活动的组织者，而且应是一位对学生进行健康锻炼的指导者、接受学生咨询的体育与保健专家。体育教师工作的积极性和创造性，不仅影响体育教学的质量和效果，而且影响体育教学计划和目标的实现。普通高校体育课程评价方法的不断完善，可以有效地调动教师工作的主动性，充分发挥教师在学生成绩评价中的工作积极性，并能在教学过程中发现问题、积极思考、及时解决，从而激励教师与时俱进、不断创新，逐步从一个从事运动技术教学的教练员转变

为促进学生全面发展的、真正意义上的教师；从消极被动的施工人员变成主动参与课程建设的设计师。

（四）逐步实现课堂内外体育行为一体化

课外体育运动为学生提供了一个实践体育课学习效果的活动条件，终身体育为学生体育锻炼的自觉性和自主锻炼的意识提供了基础。随着健身俱乐部、体育课程超市、项目俱乐部、学分制等的不断开发与利用，课堂内外体育活动健康有序地进行，弥补了学生课堂体育活动的不足。在对学生体育课程成绩评价中，仅靠体育课测验、达标测试以及体质测试中的身体素质测试，已经不能满足他们对体育与健康的真正追求。随着人们生活水平的不断提高、闲暇时间的增多以及体育价值观念等因素的影响，学生对体育相关能力和知识的需求越来越高，围绕这些内容的教学与行为已逐渐向课外体育活动中渗透。

第二节 体育课程评价中定性的方法

一、定性评价方法与高校体育探索

（一）相关概念的界定

1. 教育评价

由泰勒领导的评价委员会在"八年研究"（1934—1942年）期间首次提出并使用了教育评价这一词语，泰勒认为"评价过程在本质上是确定课程和教学大纲在实际上实现教育目标的程度的过程""评价是一种确定行为发生实际变化程度的过程"[①]。克龙巴赫则认为评价是"为决策提供信息的过程"[②]。李聪明认为"教育评价是利用所有可行的评价技术评量教育所期的一

---

① 泰勒.怎样评价学习经验的效用[M]// 瞿葆奎.教育学文集·教育评价.北京：人民教育出版社，1989：262.

② 克龙巴赫.通过评价改进教程[M]// 瞿葆奎.教育学文集·教育评价.北京：人民教育出版社，1989：160.

切效果"①。王景英认为"评价是与教育的目标和价值有明确关系的概念，是按照教育目标和价值观对学生的学习成果及教育计划的效果等进行测量的过程。因此，评价概念的重点应在于以教育目标为标准的价值判断"②。我国学者储朝晖认为"评价是对某些对象的价值和优缺点的系统调查"③。邱均平、王碧云、汤建民用式子表达了教育评价的概念：评价 = 测量（量的描述）或非测量（质的描述）+ 价值判断。④

2. 定性评价

定性评价又称"质性评价"。相对于定量评价，定性评价采用非数据化的方法对教育事实从性质的角度进行分析与综合，然后做出原则的、趋向性的价值判断。在教育评价中，评价者根据评价对象平时的表现、现实状态或者文献资料的观察和分析，直接对评价对象做出定性结论的价值判断。日常教学评价中教师的评语、档案袋评价等都属于定性评价。定性评价的主要方法包括等级评价法、评语评价法、评定评价法等。

3. 体育与健康学习评价

体育（与健康）课程的学习评价（以下简称体育学习评价）作为教育评价的一部分，是以体育（与健康）课程的学习目标为依据，根据一定的评价标准，运用相应的评价技术和手段，通过信息收集和分析整理，对学生的体育学习过程和学习结果进行价值判断，以改善教师的"教"和学生的"学"，最终促进学生全面、健康发展。其实质也是一种价值判断的过程，是一种达到体育教育价值增值的过程。

（二）现代定性评价方法在曲折中发展

1. 教育评价界对定量评价"与生俱来"的重视

测量评价教育家相信：如果不能准确地把握学生的个性，所进行的教育，犹如在黑夜里习剑。因此，在真正意义上的教育评价产生之前人们就树

① 李聪明. 教育评价的理论与方法 [M]. 台北：幼狮文化事业公司，1961：3.
② 王景英. 教育评价 [M]. 北京：中央广播电视大学出版社，2004：32.
③ 储朝晖. 中国第三方教育评价探路 [M]. 福州：福建教育出版社，2020：79.
④ 邱均平，王碧云，汤建民. 教育评价学 理论·方法·实践 [M]. 北京：科学出版社，2016：84.

立了准确、客观、量化的测量思想。①

从 20 世纪初至 30 年代，西方一些学者为了排除考试试题编制的片面性和评分方法的主观性，对教育中的考试进行了积极的改革。由于受到实验心理学、统计学和智力测验的影响，教育学领域逐渐兴起了 20 世纪早期的"教育测量运动"，其中美国的标准化测试在这场运动中最具代表性。在 8 年研究期间，泰勒和评价委员会把客观性、信度、效度作为评价的 3 个基本准则。这些都说明了在教育评价产生初期，评价的指导思想仍是数量化和科学化。20 世纪 60 年代教育评价得到了迅速发展，形成了多元的理论格局，评价方法也出现了一些变化。但这些评价方法大多是从自然科学引入教育评价中的实证化评价方法，所以这一时期的评价方法还是凸显了强调使用量化的资料和数学技术等方面的特点。

2. 对定量的质疑促进了定性的发展，同时引发了人们对两种评价方法的思考

20 世纪 70 年代之后，人性化的定性评价方法逐渐从人文学科领域引入教育评价中并受到重视。因此，在教育评价中逐渐形成了两类不同的评价方法：以"硬"评价为标志的客观主义评价方法和以"软"评价为标志的主观主义评价方法。瑞典教育学家胡森就认为教育研究存在两种范式，"一种是模仿自然科学，强调适合于用数学工具来分析的、经验的、可量化的观察，研究的任务在于确定因果关系，并作出解释。另一种范式是从人文学科推衍出来的，所注重的是整体和定性的信息以及说明的方法"②。这两者一个注重对数量化的考察，另一个则侧重对评价对象进行整体说明和描述，在我国常常把其称为定量评价方法和定性评价方法。为了区别定性研究与思辨研究，我国研究者常常把定性研究称为质的研究。

20 世纪 70 年代开始，教育评价领域对泰勒等传统评价模式的批判进入了一个新阶段，最具代表性的人物是斯塔克，他曾经公开批评以往教育评价中过度依赖量化的弊端。长期以来教育评价一切以量化为标准收集资料的做法限制了材料的收集范围，体现了预定的目的和可控制的行为，往往会导致一些无法量化的实质性材料被忽略，从而影响结论的效度。例如，刘志军

---

①　MILTON J，POLMEAR C，FABRICIUS J. 精神分析导论 [M]. 施琪嘉，曾奇峰，译. 北京：中国轻工业出版社，2005：73.

②　胡森. 教育研究的范式 [M]// 瞿葆奎. 教育学文集·教育研究方法. 北京：人民教育出版社，1989：179.

提出"数量化的评价资料也常常是按照管理者的规定和意愿用实证方法提取的，它常常会扭曲评价的真实内涵"[①]。纵观对以泰勒为代表的传统评价方法批判的核心，是对评价方法中过分强调统计、测量和实证方法的批判。但定量评价者始终认为定性评价的科学性和可靠性都很低，在评价过程中无法保证客观、公正，容易导致主观臆断和人云亦云，结果不能为大多数人接受和认可。由评价是否能够量化和是否有效两个问题引发了定性评价和定量评价两个阵营的争论。从理论上剖析了定性评价、定量评价两种方法之后，许多国家的教育评价领域也或多或少地对定性评价方法给予了不同程度的关注，在教学评价结果的呈现中引入了定性的质素。

（三）效果分析

1. 定性评价方法具有人文关怀，能显著促进学生体能、技能的发展

与体能指标相比，技能指标受先天遗传因素的影响更小，短时间内更可能明显提高成绩，因此技能指标能够更直观、灵敏地反映定性评价的效果。只要学生能大胆、认真、努力地投入运动技能的学习中，就可以在一定时期内取得明显的进步。因为等级结合评语的定性评价只显示学生体能成绩在班级中的相对排名，保护了那些虽然努力学习但并未显著提高运动成绩的学生的自尊心。避免了赤裸裸的分数、成绩等量化指标给他们带来的伤害，减轻了他们的学习压力。另外，定性评价具有发展性，通过给予学生明确、个性化的建议，使学生能够有针对性地学习。因此，在促进学生体能、技能发展方面，定性评价具有不可取代的优势。

2. 定性评价可以培养学生的社会适应能力、拼搏精神，提高体育学习的积极性

（1）定性评价可以拉近生生、师生之间的关系。教师通过评语对学生进行个性化的鼓励、评价，满足学生个性化的心理需求，从而拉近师生之间的关系。与此同时，教师可以通过评语告知学生在体育学习过程中存在的不足，同时让其了解同伴身上的闪光点。通过这种提示，学生可以将注意力集中到同伴身上继而向他人学习、取长补短。这无形中会淡化学生之间的嫉妒、盲目攀比的心理，形成健康互助的同学关系。评价引入现行的体育与健

[①]　刘志军.走向理解的课程评价：发展性课程评价理论探索[M].北京：中国社会科学出版社，2004：170.

康课程学习能多收获良好的效果。

（2）定性评价可以提高学生的体育学习积极性。定性评价通过多次强化学生体育学习的外部动机，使学生具有更强有力的学习动力，进而提高学生的体育学习积极性。定性评价通过评语使"老师的测试不像过去般严肃，评分中会给予评价"，给学生的动作"作出了评价，指出了不足之处"，使学生的"理解更深一步"，让学生看到了学习的希望，"对此不禁充满热情"，从而提高了体育学习积极性，达到了课堂上学生情感、情绪的良好状态，形成了良好的体育课堂心理气氛。因此，教师应发挥良好体育课堂心理气氛的效应功能和教育功能，力争让每一个学生都能被这种气氛感染，从而产生满足、愉快、羡慕、互谅等积极的态度和体验，达到提高体育学习积极性的目的。

（3）多次肯定的评语评价可以强化学生逐渐形成对自身能力的正面认识，间接提高自我效能感。自我效能感较高的个体遇到困难时行为更稳定，行动更持久。因此，定性评价可以培养和提高学生体育学习的拼搏精神，即使遇到困难时他们也能够想办法克服，他们"冷静，有忍耐力，更能坚持得长久"。同时，定性评价可以明确学生自身存在的优缺点，让他们"看到自己成功的希望"，他们也会为之努力，去拼搏，去提高。

3. 定性评价方法最有利于低学段学生技能的发展、体育学习态度的端正和学习兴趣的提高

体育学习兴趣、态度属于隐性体育学习内容，其不像体能、技能这些外显的学习内容，学生体育学习兴趣的培养是要通过一点一滴地说服、教育，最后通过内化、强化才会最终产生质的飞跃。定性评价可以利用评语评价不失时机地鼓励、激发学生，根据学生不同方面、不同程度上的心理、身体差异，组织不同的评语，达到因材施教的目的，最终取得端正他们的体育学习态度、提高他们体育学习兴趣的效果。

所以，定性评价方法在提高学生运动技能、端正学生体育学习态度、培养学生体育学习兴趣方面效果很好。

总的来说，定性评价对学生体能、技能、态度、情意合作与体育学习兴趣发展的促进作用效果显著，由于定性评价引入我国学生体育与健康学习中能够产生良好的效果，所以教师在实施体育与健康课程学习评价时应重视定性评价对学生体育学习的发展作用。除此之外，教育工作者应因材施教，根据个体差异选择适当的评价方法。教育学、心理学的研究对象（被试）具有

特殊性，不同的研究对象具有不同的成长环境，因此持有不同的想法。这就要求评价实施者在施以该学习领域大部分学生普遍适用的评价方法时，还要结合不同学生的个体差异对评价方法进行灵活变通，以取得更显著的评价效果。

二、体育课程定性评价范例

（一）体育课程定性评价范例之一——档案袋评价

1. 什么是档案袋评价

档案袋，英文单词是 portfolio，有文件夹、公事包或代表作选集等多重含义。尽管档案袋评价在国外教育实践中的应用已有十多年的历史，但从教师的使用情况来看，仍很难给它下一个确切的定义。正如美国课程评价专家约翰逊所说的那样："如果要求五个不同的教师给档案袋评价下定义，你很可能会得到五个不同的答案，其中每一个都没有错。"[①] 这是由档案袋评价的起源及其性质决定的。

2. 档案袋评价的类型及构成

对档案袋评价的分类，从不同的角度可以有不同的分类方法。美国南卡罗来纳大学教育学院教育心理学教授格雷德勒以档案袋的不同功能为标准，把档案袋评价分为理想型、展示型、文件型、评价型和课堂型（表 4-1），其中最有代表性的是理想型。[②]

理想型档案袋之所以被这样命名，一是它能帮助学习者成为对自己学习具有思考和进行非正式评价能力的人，因而它常被作为提高学习质量的工具；二是它的构成内容在档案袋评价中也具有典型意义，在体育学习评价中可由运动技能获得。

---

① JOHNSON B. The performance assessment handbook[M].New York：Eye on Education, 1996：106.

② GREDLER M E. Implications of portfolio assessment for program evaluation[J]. Studies in educational evaluation, 1995, 21（4）：431-437.

表 4-1　档案袋评价的类型

类型	构成	目的
理想型	作品产生和入选说明、系列作品以及代表学生分析和评价自己作品能力的反思	提高学习质量。通过一段时间的成长帮助学习者成为自己学习历史的思索者和非正式的评价者
展示型	学生选择出来的最好和最喜欢的作品集。自我反思与自我选择比标准化更重要	给由家长和其他人参加的展览会提供学生作品的范本
文件型	根据一些学生的反映以及教师的评价、观察、考查、轶事、成绩测验等得出的学生进步的系统性、持续性记录	以学生的作品用量化和质性评价的方式，提供一种系统的记录
评价型	由教师、管理者、学区所建立的学生作品集。评价的标准是预定的	向家长和管理者提供学生在作品方面所取得成绩的标准化报告
课堂型	由三个部分组成：①依据课程目标描述所有学生取得的成绩的总结。②教师的详细说明和对每一个学生的观察。③教师的年度课程和教学计划及修订说明	在一定情境中与家长、管理者及他人交流教师对学生成绩的判断

从档案袋的组成可以看出，理想型档案袋可作为不断发展的信息来源，为教师和学生双方提供服务，让他们及时准确地掌握学习进展的实际情况，以便调整下一步的学习。此外，档案袋的建立，促使教师和学生经常讨论关于创造有价值作品的过程、有效批评的组成以及对未完成作品进行评论的方式等。这一切的重要性在于，它们可以帮助学生把讨论作为学习的机会，评价也由此实现了与课程、教学的整合。当学年结束，最后一份作品产生过程的记录、反省以及最后一份作品产生出来，便成为学生成长过程永久记录的一部分。

3. 档案袋评价的优势

相对于笔试和其他评价而言，档案袋评价的优势主要有以下几点：档案袋评价可以反映学生的自我反思或认知能力及自我监控学习的能力；能够开放地、全面地评价学生；能够使学生体验到成功，感受到自己的成长与进步；有利于学生对自己的学习负责；不同类型的档案袋评价可以反映学生的完整面貌，即掌握知识的程度、对自己的看法、学生在某方面的优势、兴趣与爱好等；由于档案袋内容的收集需要很长的时间，由此便可反映出学生的意志、毅力及努力的程度。对于教师来说，档案袋的内容可帮助教师获得关于学生学习的信息，并可以以此作为教师教学设计的依据。总之，应用档案袋的最大优点就是，它为教师和学生提供了其他评价手段无法提供的关于学生学习与发展的重要信息。

（二）体育课程定性评价范例之二——苏格拉底式研讨评定法

苏格拉底式研讨评定法具体包括以下几步：

第一，明确所要达到的预期结果。传统评价只是把目标作为评价的标准，而苏格拉底式研讨评定则注重如何才能实现这些结果，因此它不对目标进行过细的划分，这些结果可以是批判性思维、听说技能、阅读理解技能等。

第二，确定研讨所用的文本。知识的广泛性和教学内容的有限性之间的矛盾是传统教学难以解决的，而苏格拉底式研讨评定试图把教学从这种困境中解脱出来。它允许所有学科的教师满足有效听说这一目标的实现，并达到其他一些高级思维技能的预期目标。为使研讨能更加深入，所选的文本通常是从作品中摘录或节选一小部分，如选自一本小说、一部电影、乐谱的一部分、实验的某个步骤等，只要能促进学生的学习，教师便可以对文本进行自由选择，包括学科内以及跨学科的文本。

第三，教师提出一个起始问题。这是重要的一步，它将直接影响研讨的质量。这个问题不应只有一种单一的预期反映，应在问题研讨过程中引发对话。格雷德勒关于起始问题的建议如下：它们确实起因于领引者的好奇心；它们没有单一或最合适的答案；它们可以产生对话，从而引起对文本中思想观念更深广的理解；它们可由文本的参考资料作出最好的回答。①

第四，选择记录研讨过程的方式。记录应当客观地反映研讨进程，它是进行评价的客观依据。通过对一系列研讨记录的分析、对比，就可以对学生在各种教育结果上的成绩作出判断。

第五，应用多种方式完成评价。正如研讨法可实现不同的教育结果一样，它本身也能以不同的方式来完成。例如，有些学校把它作为课堂评价的工具；有些学校把它当作离校学业展示，以接受下一级水平的学校教育。在各个相关学科中，苏格拉底式研讨式评定法及其附属练习都是评价学生进步的有力反馈工具。

可见，苏格拉底式研讨式评定法不仅是一种有效的评价方法，还把课

---

① GREDLER M E. Implications of Portfolio Aseessment for Program EValuation[J]. Studies in educational evaluation, 1995, 2（21）: 431-437.

程、教学和评价进行了统整，使它们融为一个有机整体，体现了当前体育课程改革的共同趋势。

第三节　体育课程评价常用的定量方法

一、等级记优评价法

等级记优评价法是根据评价的指标确定不同的等级，按照等级标准进行评价。等级记优评价法可划分为不同的等级形式，如上、中、下或优、良、中、差、劣或优秀、良好、及格、不及格等等级，每个等级又可换算为相应的分数。这种评价方法能在一定程度上客观地评价某一评价对象，但也往往带有一定的主观成分。例如，对课外体育锻炼工作的评价（表 4-2）：

表 4-2　用等级记优评价法评价学校课外体育锻炼工作示例

| 序号 | 内容 | 指标 | | 评级等级分数 | | | | | 实得分 |
		序号	内容	优 5分	良 4分	中 3分	差 2分	劣 1分	
1	锻炼计划	1	锻炼内容的安排						
		2	锻炼时间的安排						
		3	锻炼场地与器材的安排						
		4	辅导教师的设备						
2	对各种锻炼形式的管理	5	体育锻炼作息制度的管理						
		6	班级体育锻炼管理						
		7	家庭体育与校外体育的管理						
3	锻炼的效果	8	体育锻炼的出勤率、动作质量与组织纪律性						
		9	班级体育锻炼的出勤率、实际锻炼的次数与时间						
		10	学生每天的锻炼时间						
		11	"达标率"						

注：总分合计为 41～55 分为优，31～40 分为良，21～30 分为中，11～20 分为差，0～10 分为劣，评价结果由相关评价者填写。

二、位置百分法

位置百分法，是以分数反映某个运动成绩在集体中的位置。例如，某个学生的某项运动成绩的分布位置百分是 90 分，则表示在这个学生所属的集体中有 90% 的学生的该项运动成绩比他的成绩要低。所以，只要知道了他所得的分布位置百分，就能知道他在集体中所处的位置，也能了解他的水平与集体水平的比较情况，这正是这种评分方法的优点。

例如，某个运动成绩 x 的分布位置百分，可按下式计算：

$$P_x = \frac{\dfrac{f_x}{i}(x - l_x) + c_x}{n} \times 100 \qquad (4-1)$$

式中：P_x——运动成绩为 x 的分布位置百分；

f_x——x 所在组的频数；

l_x——x 所在组的下限值；

c_x——略小于 l_x 的各组累计频数；

i——组距；

n——样本含量。

例如：某年级 140 名学生立定跳远成绩的频数分布如表 4-3 所示。设有 4 名学生的立定跳远成绩分别为 2.14 米、2.35 米、2.42 米、2.68 米，试求每个学生的分布位置百分。

表4-3　某年级学生立定跳远成绩频数分布

跳远成绩（米）	频数	累计频数
1.80—	1	1
1.90—	1	2
2.00—	11	13
2.10—	24	37
2.20—	29	66
2.30—	39	105
2.40—	21	126
2.50—	9	135
2.60—	4	139
2.70—	1	140

解：按公式（4-1）进行计算得

2.14 米的分布位置百分为

$$P_{2.14} = \frac{\dfrac{24}{0.10}(2.14 - 2.10) + 13}{140} \times 100 = 16.1（分），$$

2.35 米的分布位置百分为

$$P_{2.35} = \frac{\dfrac{39}{0.10}(2.35 - 2.30) + 66}{140} \times 100 = 61.0（分），$$

2.42 米的分布位置百分为

$$P_{2.42} = \frac{\dfrac{21}{0.10}(2.42 - 2.40) + 105}{140} \times 100 = 78.0（分），$$

2.68 米的分布位置百分为

$$P_{2.68} = \frac{\dfrac{4}{0.10}(2.68 - 2.60) + 135}{140} \times 100 = 98.7（分）。$$

三、名次百分法

在体育教学过程中有些资料没有具体的数据，只有一般的表现或者是因人数太少而不能形成频数分布时，可以先评出名次，再由名次转换成百分，以便与其他成绩综合计算。

例如：有足球运动员 20 人，他们的技术水平不宜评出具体的成绩，只能根据全面技术水平和其他条件评出优劣的名次。按名次评定百分，计算公式为

$$x名次百分 = 100 - \frac{100(x_{名次} - 0.5)}{n} \qquad （4-2）$$

式中：x——名次；

n——全部人数。

下面计算该足球队的名次百分。

$$第1名的分数=100-\frac{100（1-0.5）}{20}=97.15（分），$$

$$第2名的分数=100-\frac{100（2-0.5）}{20}=92.5（分），$$

$$\cdots\cdots\cdots\cdots$$

$$第20名的分数=100-\frac{100（20-0.5）}{20}=2.5（分）。$$

从公式（4-2）可知，只有当 n 相当大时，才可能有很好的得分。事实上，样本含量很大时，从中评出的高名次，其代表性也比较高，这时给予较高的分数也是符合情理的。

四、标准百分法

（一）标准百分法制作步骤

标准百分法是以标准差为单位的计分方法。它所描述的是某个运动成绩离平均成绩的位置，它可以客观反映出评定成绩在集体中的位置。下面举例说明其制作步骤：

1. 确定计分范围

例如：抽得全国十个省市 100 所中学 829 名初二男生 50 米跑成绩样本的计算结果：平均成绩 x=8.5 秒，标准差 s=0.686 秒。如果考虑计分表范围定在 $x\pm2s$，即 8.5 秒 $\pm2\times0.686$ 秒 =7.1 ～ 9.9 秒。如果 7.1 秒定为 100 分，9.9 秒定为 0 分，则可以包括总体的 95.44%，超过 100 分的只有（100%-95.44%）/2=2.28%，同样，低于 0 分的也只有 2.28%。如果认为这样的范围合适，即可做表。

2. 确定计分间隔或成绩间隔

如果将 50 米跑成绩定为每提高 0.1 秒为一个间隔，即有 28 个间隔，29 个等级，这样成绩为整数，分数有小数位。

3. 制作计分表

按上述第一个要求制作计分表。先算出 50 米跑每提高 5 分应提高的成绩为（9.9 秒 −7.1 秒）/20=0.14 秒。即每提高 0.14 秒增加 5 分。由于平均数在正中，因此 8.5 秒为 50 分，然后以 8.5 秒递加 0.14 秒和递减 0.14 秒填入下表中即可做成标准百分计分表（表 4-4）：

表 4-4　标准百分计分表（要求一）

分数（分）	0		5	10	15	20	25	30	35	40	45
成绩（秒）	9.90		9.76	9.62	9.48	9.34	9.20	9.06	8.92	8.78	8.64
分数（分）	50	55	60	65	70	75	80	85	90	95	100
成绩（秒）	8.50	8.36	8.22	8.08	7.94	7.80	7.66	7.52	7.38	7.24	7.10

按上述第二个要求做表。由于（9.9 秒 −7.1 秒）/0.1 秒 =28，即 100 分分为 28 个间隔，每个间隔分数为 100 分 /28=3.571 分。以 8.5 秒为 50 分，然后以 50 分递加和递减 3.571 分，列成下表（表 4-5）：

表 4-5　标准百分计分表（要求二）

成绩（秒）	7.1		7.2	7.3	7.4	7.5	7.6	7.7	7.8	7.9
分数（分）	100		96.4	92.8	89.3	85.7	82.1	78.6	75.0	71.4
成绩（秒）	8.0	8.1	8.2	8.3	8.4	8.5	8.6	8.7	8.8	8.9
分数（分）	67.9	64.3	60.7	57.1	53.6	50.0	46.4	42.9	39.3	35.7
成绩（秒）	9.0	9.1	9.2	9.3	9.4	9.5	9.6	9.7	9.8	9.9
分数（分）	32.1	28.6	25.0	21.4	17.9	14.3	10.7	7.1	3.6	0

为了列表方便，可改为下表，左竖——列为秒的整数位，上第一行为秒的小数后一位，列表如下（表 4-6）：

表 4-6　标准百分计分表（简便法）

单位：分

秒	0	1	2	3	4	5	6	7	8	9
7	—	100	96.4	92.8	89.3	85.7	82.1	78.6	75.0	71.4
8	67.9	64.3	60.7	57.1	53.6	50.0	46.4	42.9	39.3	35.7
9	32.1	28.6	25.0	21.4	17.9	14.3	10.7	7.1	3.6	0

（二）标准百分评分方法

下面介绍两种常用的标准百分评分方法：

1. 评分范围为 $\bar{x} \pm 3s$ 的标准百分

由正态分布理论知 $\bar{x} \pm 3s$ 间包括了全部频数的 99.73%，即这个评分范围几乎涵盖了所有需要评定分数的成绩，以 $\bar{x} - 3s$ 为 0 分，每个 s 代表 $\frac{100}{6}$，则 $\bar{x} + 3s$ 为 100 分。其根据样本统计量的计算公式如下：

$$\text{田赛} \quad Z = 50 + \frac{x - \bar{x}}{6s} \times 100 \qquad (4-3)$$

$$\text{径赛} \quad Z = 50 + \frac{\bar{x} - x}{6s} \times 100 \qquad (4-4)$$

式中：Z——标准百分。

例如：某年级立定跳远样本的统计量为 $\bar{x} = 2.10$ 米，$s=0.20$ 米。按 $\bar{x} \pm 3s$ 范围评分，某个学生立定跳远成绩是 2.45 米，应得多少标准百分？

解：按公式（4-3）计算得

$$Z = 50 + \frac{2.45 - 2.10}{6 \times 0.20} \times 100 = 79.17 \text{（分）} ,$$

即立定跳远成绩是 2.45 米的标准百分为 79.17 分。

2. 评分范围为 $\bar{x} \pm 2.5s$ 的标准百分

从正态分布理论知 $\bar{x} \pm 2.5s$ 间包括全部频数的 98.76%。这个评分范围涵盖了绝大部分需要评定分数的成绩。当然也会有极个别的运动成绩超出了这个范围，但不会影响整个评分工作的质量。以 $\bar{x} - 2.5s$ 为 0 分，每个 s 代表 20 分，则 $\bar{x} + 2.5s$ 为 100 分。计算标准百分的公式如下：

$$\text{田赛} \quad Z = 50 + \frac{x - \bar{x}}{s} \times 20 \qquad (4-5)$$

$$\text{径赛} \quad Z = 50 + \frac{\bar{x} - x}{s} \times 20 \qquad (4-6)$$

例如：从某中学学生 800 米赛跑的样本中计算得 $\bar{x} =$ 3分03秒，$s=12$ 秒，按 $\bar{x} \pm 2.5s$ 范围评分，试计算成绩为 3 分 15 秒的标准百分。

解：按公式（4-6）计算得

$$Z = 50 + \frac{3\text{分}03\text{秒} - 3\text{分}15\text{秒}}{12\text{秒}} \times 20 = 30 \text{（分）} ,$$

即 800 米赛跑成绩为 3 分 15 秒的标准百分为 30 分。

五、累进计分法

由于体育运动中许多项目成绩的提高与分数的增加不应成正比，例如 100 米跑的成绩每提高 0.1 秒所增加的分数不应相等。显然水平越高时每提高 0.1 秒的难度也越来越大，相应增加的分数也应越多，这在"全能运动评分表"中可以清楚看到。前面所讲的各种计分方法虽不是累进的，但也有它们各自的优越性。这要根据实验设计要求的不同选用。

累进计分法的优点还在于它包括的幅度大、用的时间长。制表的原则是分数的累进与运动成绩提高的难度大小相对应，对成绩做出恰如其分的评价。

在制定计分表前应先列出 d 值表（表 4-7）：

表 4-7　d 值表

分布位置	$-5s$	$-4s$	$-3s$	$-2s$	$-1s$	$\bar{x}$	$+1s$	$+2s$	$+3s$	$+4s$	$+5s$
d 值	0	1	2	3	4	5	6	7	8	9	10

表中第一项是分布位置，相当于将正态分布图的横轴顺时针转 90°。由于做计分表时是依据某个成绩所在的分布位置计算分数，所以不能对这些分布位置的数值直接计算。因为，低于平均数位置的是负值，一般说成绩不习惯于给负分数，同时 $(-4)^2$ 与 $(+4)^2$ 都等于 16，实际上分布位置并不相等，因而排出 d 值表。d 值表是将起点 0 定在 $-5s$ 处，仍以标准差为单位排到 $+5s$ 处为止，共 10 个标准差。实际上也是分布位置，只不过起点不同而已。为什么定的范围是从 $-5s$ 到 $+5s$，这是人为定的，因为这一范围已足够大了。在计算分数前要取样，通过样本计算出平均数 $\bar{x}$ 和标准差 s，作为制表依据。然后将每种成绩在正态曲线横轴上所处的位置换算成 d 值后才能计算。

计算前要根据样本情况设计一下满分点和起码给分点的成绩是多少才合适。一般满分点定为 100 分或 1000 分，起码给分点定为 0 分或给定分数。这两个点定在什么位置，一般根据正态分布理论数据是平均数加 $1s$ 至平均数减 $1s$ 之间包括总体的 68.26% 的频数；$\bar{x} \pm 2s$ 之间包括 95.44%；$\bar{x} \pm 3s$ 之间包括 99.73% 的频数。例如，已计算出某单位跳远样本 $\bar{x}$ =3.80 米，s=0.30 米，则可以按正态分布计算总体的大致情况，即估计 $\bar{x} \pm 3s$ 之间的成绩包括多少人。由 3.80 米 ± 0.30 米 $\times 3$ 可知，在 2.90 米至 4.70 米之间制定的计分表可以包括的范围占总人数的 99.73%。基本上可包括所有人的成绩，少数人例外。同样，可以计算某一成绩以上或以下包括多少人。下面以 100 米跑为例讲解如何制定计分表。

例如，在某校取到 100 个成绩的样本，其中最高成绩是 12.0 秒，最低成绩是 14.2 秒。计算结果 x=13.3 秒；s=0.5 秒。由于计分基点的不同有几种计算方法。如果设计成绩在 $\bar{x}-5s$ 位置为 0 分，$\bar{x}-5s$ 表示其成绩低于平均数 5 个标准差，即 13.3 秒 +0.5 秒 ×5=15.8 秒。最高成绩在 $\bar{x}+3s$ 位置为 100 分，该点成绩是 13.3 秒 −0.5 秒 ×3=11.8 秒（这里因为是径赛以时间计成绩，成绩越高，时间值越小，所以 $\bar{x}+3s$ 位置的成绩是平均数减去 3 个标准差）。

试计算 12.5 秒的得分。其方法是以平均数为基准，以标准差为单位，参照抛物线方程式计算，公式为

$$Y=kd^2 \tag{4-7}$$

式中：Y——得分数；

k——系数。

成绩在 $x+3s$ 为 1000 分，计算 k 值，其值将是计分表的计算系数。查表 4-7 可知，+3s 位置 d 值等于 8，代入公式（4-7）：$1000=8^2k$，解得 k=15.63。

求 12.5 秒所在位置的 d 值为

$$\frac{\bar{x}-x}{s}=\frac{13.3秒-12.5秒}{0.5秒}=1.6s,$$

这说明 12.5 秒比平均数高 1.6 个标准差，平均数的 d 值为 5，因此 12.5 秒的 d 值是 5+1.6=6.6。

代入公式（4-7），

$$Y=kd^2=15.63×6.6^2=681（分），$$

将以上步骤列成完整公式为

$$Y=k(\frac{\bar{x}-x}{s}+5)^2（田赛公式中为 x-\bar{x}） \tag{4-8}$$

在实际应用时是列出计分表的。先确定计分间距，100 米可定 0.1 秒为计分间距。计分间距可依据项目和需要而定。例如，800 米跑可定 1 秒，跳高定为 1 厘米，间距越小，计分表列得也就越细。

先计算出 0.1 秒相当于多少标准差，即 $\frac{0.1秒}{0.5秒}$=0.2s。0.2s 表示成绩每提

高 0.1 秒，分布位置提高 0.2 个标准差，d 值也增加 0.2。

以平均数 13.3 秒，d 值等于 5 为中点开始计算，成绩每提高 0.1 秒，d 值加 0.2；每降低 0.1 秒，d 值减 0.2。列出各个成绩的 d 值以及计算得分如下（表4-8）：

表 4-8　各个成绩的 d 值及得分

成绩	d 值	得分
13.1 秒	$d=5.2+0.2=5.4$	$Y_{13.1}=15.63\times5.4^2=456$ 分
13.2 秒	$d=5.0+0.2=5.2$	$Y_{13.2}=15.63\times5.2^2=423$ 分
13.3 秒	$d=5.0$	$Y_{13.3}=15.63\times5^2=391$ 分
13.4 秒	$d=5.0-0.2=4.8$	$Y_{13.4}=15.63\times4.8^2=360$ 分
13.5 秒	$d=4.8-0.2=4.6$	$Y_{13.5}=15.63\times4.6^2=331$ 分

上述是计算分数的方法之一。下面谈一下设计满分点和计分基点的位置，以及这两点的分数问题。在上面例子的计算中应在算出值后做上、中、下三点的计算，看是否合适再制表，这三个点基本上概括了计分表的概况。

（1）中点（即平均数）得分：

$$Y=5^2k=25\times15.63=391\text{分}。$$

（2）满分点成绩（即得 1000 分的成绩）：

$$X=\bar{x}-3s=13.3\text{秒}-0.5\text{秒}\times3=11.8\text{秒}。$$

（3）计分基点成绩（即得 0 分的成绩）：

$$X=\bar{x}+5s=13.3\text{秒}+0.5\text{秒}\times5=15.8\text{秒}。$$

由计算结果得知，在上例中最高成绩是 12 秒，尚需提高 0.2 秒才能达到满分（表中包括的范围留有余地是必要的），在总体中出现超满分的人几乎是不可能的，因为样本与总体总是存在差异的，何况总体的水平又在不断提高。得 0 分的成绩为 15.8 秒，样本中最低成绩为 14.2 秒，所以过低分数或负分数几乎不可能出现。

上述计分表的计分基点在 $\bar{x}-5s$ 处，从正态分布数据看，实际上这个位置上已基本没有人了。如果将计分基点改在 $\bar{x}-3s$ 处制表，从 d 值表中查 $-3s$ 的 d 值不是 0 而是 2，如果仍用原公式计算 Y 值，不可能为 0 分，因此要在 $Y=kd^2$ 的值中减去 $-3s$ 以下的分数 z，公式为

$$Y=kd^2-z \hspace{4em} (4-9)$$

公式（4-9）中存在 k、z 两个未知数，需列出二元一次联立方程组，在 $+3s$ 点 d 值为 8；在 $-3s$ 点 d 值为 2，列方程组：

$$\begin{cases} 2^2k-z=0 & ① \\ 8^2k-z=1000 & ② \end{cases}$$

解：②式减去①式消去 z，$60k=1000$，$k=16.67$。将 k 值代入①式：$2^2 \times 16.67-z=0$，$z=66.67$。再做三点计算，如果合适再制表，其中平均数的得分计算公式也应改为 $Y=5^2k-z$。

试计算上例中成绩得分（表4-9）：

表4-9　计分基点改在 $\bar{x}-3s$ 处成绩得分

成绩	得分
13.1 秒	$Y_{13.1}=16.67 \times 5.4^2-66.67=419$ 分
13.2 秒	$Y_{13.2}=16.67 \times 5.2^2-66.67=384$ 分
13.3 秒	$Y_{13.3}=16.67 \times 5^2-66.67=350$ 分
13.4 秒	$Y_{13.4}=16.67 \times 4.8^2-66.67=317$ 分
13.5 秒	$Y_{13.5}=16.67 \times 4.6^2-66.67=286$ 分

上述计算方法计分基点分数都是 0 分，由于工作的需要，可以指定满分点的成绩并对计分基点给定分数，如将 11.8 秒定为 100 分，13.8 秒定为 60 分（教学中及格分数）制定计分表，那么 11.8 秒的 d 值为

$$\frac{13.3秒-11.8秒}{0.5秒}+5=8,$$

13.8 秒的 d 值为

$$\frac{13.3秒-13.8秒}{0.5秒}+5=4。$$

列方程组：

$$\begin{cases} 8^2k-z=100 \\ 4^2k-z=60 \end{cases}$$

通过计算，解得 $k=0.833$，$z=-46.67$。

计算上例得分，计算结果保留一位小数（表4-10）：

表 4-10　对计分基点给定分数成绩得分

成绩	得分
13.1 秒	$Y_{13.1}=0.833\times5.4^2+46.67=71.0$ 分
13.2 秒	$Y_{13.2}=0.833\times5.2^2+46.67=69.2$ 分
13.3 秒	$Y_{13.3}=0.833\times5^2+46.67=67.5$ 分
13.4 秒	$Y_{13.4}=0.833\times4.8^2+46.67=65.9$ 分
13.5 秒	$Y_{13.5}=0.833\times4.6^2+46.67=64.3$ 分
13.8 秒	$Y_{13.8}=0.833\times4^2+46.67=60.0$ 分

$$Y_{11.8}=0.833\times\left(\frac{13.3-11.8}{0.5}+0.5\right)^2+46.67=100分$$

$\bar{x}+3s$ 位置（$d=8$）以上的人数占总人数的 0.135%；

$\bar{x}+2s$ 位置（$d=7$）以上的人数占总人数的 2.28%；

$\bar{x}+1s$ 位置（$d=6$）以上的人数占总人数的 15.87%；

$\bar{x}$ 位置（$d=5$）以上的人数占总人数的 50%；

$\bar{x}-1s$ 位置（$d=4$）以上的人数占总人数的 84.13%；

$\bar{x}-2s$ 位置（$d=3$）以上的人数占总人数的 97.72%；

$\bar{x}-3s$ 位置（$d=2$）以上的人数占总人数的 99.865%。

试计算上例中 60 分以上的人数占总人数的百分比。13.8 秒为 60 分，13.8 秒的位置比平均数低，$\frac{13.3秒-13.8秒}{0.5秒}=-1s$，故 d 值为 4，从分布表中查到，有 84.13% 的人在 60 分以上。同样方法可以计算任意分数以上频数占总数的百分比，所计算的百分比的理论值与实际数值应基本符合，但不会完全一致，如果出入过大，应先检查样本质量，包括取样设计、测验方法、计算统计量等有无差错。如果由于总体发生变化而引起不一致，如青少年发育的变化，这是正常现象，计分表可以照常使用，超过满分的仍按原方法计算延长计分表上限。在科研工作中，总体发生变化后仍用原来的计分表才能进行两个不同时期和不同措施情况变化的对比分析，将原来的得分作为"基准分值"。制表前应考虑运动成绩提高的趋势，设计好满分点位置，使其超满分不要太多，一般不要高于满分点以上一个标准差，且一般依据实验设计的要求灵活而定。从上例计算得知，满分点是 $\bar{x}+3s$，成绩为 11.8 秒；若高出一个标准差，成绩为 11.8 秒 −0.5 秒 =11.3 秒，位置在 $\bar{x}+4s$ 处，d 值为 9，其得分为 $Y_{113}=0.833\times9^2+46.67=114分$，若超满分过多，应考虑按新的水平重新取样计算制表。

为了某些需要，还可以引入数值。水平较高的单位可以将世界纪录定为满分，学校可将本校最高纪录定为满分，也可将一个年龄组的最高成绩定为满分，使他们在锻炼一年后努力达到这个标准。而其余的 x 与 s 值仍用原样本数据来制定计分表。用这样的计分表来计分就具有引入因素，分数也具有双重意义。

下面将做计分表的步骤概括如下：

①从计分对象中抽样，计算出平均数和标准差。②列出 d 值表。③设计满分点和计分基点的位置与分数。④列出方程式，计算 k、z 值。⑤作"三点"计算，检查所设计的计分表是否合适。⑥定计分间距，计算一个间距相当于多少个标准差（即 d 值）。⑦计算每个成绩的 d 值；⑧代入公式计算每个成绩的分数；⑨修订由于四舍五入造成的不合理的累进误差，这是因为取舍引起的高水平累进数低于相邻的低水平的累进数造成的，可适当加以纠正。

例如：对北京市某中学全校学生进行的一次体质调查中，男生 800 米跑抽样结果为 $\bar{x}=3$分03秒，$s=12$ 秒，$n=125$ 人。最高成绩为 2 分 30 秒，最低成绩为 3 分 35 秒。

为了进行科研，所定满分点与计分基点与平均数对称较好。例如，定 $\bar{x}\pm2.5s$ 或 $\bar{x}\pm3s$ 为计分范围，并将两点分别定为 1000 分和 0 分，在一组实验中所有项目的计分表的范围要统一。通常采用 $\bar{x}\pm3s$ 较多，它可以包括 99.73% 的频数，并以这一组计分表作为"基准分值"。在一个时期后再次测验时仍用此计分表，以作前后对比，检查不同的锻炼措施对体质增强的效果。

表的满分点：$\bar{x}-3s=2$分27秒，为 1000 分，d 值为 8。$\bar{x}-3s=3$分39秒，为 0 分，d 值为 2。

列方程组：

$$\begin{cases} 8^2 k - z = 1000 \\ 2^2 k - z = 0 \end{cases}$$

通过计算，解得 $k=16.67$，$z=66.67$。

计分间距定为 1 秒，求出 1 秒相当于多少个标准差：$\dfrac{1秒}{12秒}=0.083s$，计算出各个成绩的 d 值，确定表的上限 $\bar{x}\pm4s$ 位置，该点成绩为 3 分 03 秒 -12 秒 $\times4=2$ 分 15 秒，制表如下（表 4-11）：

表4-11　成绩计分表

成绩	分数（分）	成绩	分数（分）	成绩	分数（分）	成绩	分数（分）
2分15秒	1283	2分37秒	789	2分59秒	407	3分21秒	137
2分16秒	1258	2分38秒	769	3分00秒	392	3分22秒	127
2分17秒	1233	2分39秒	750	3分01秒	378	3分23秒	118
2分18秒	1209	2分40秒	731	3分02秒	364	3分24秒	109
2分19秒	1185	2分41秒	712	3分03秒	350	3分25秒	100
2分20秒	1161	2分42秒	693	3分04秒	336	3分26秒	91
2分21秒	1137	2分43秒	674	3分05秒	322	3分27秒	83
2分22秒	1114	2分44秒	656	3分06秒	309	3分28秒	75
2分23秒	1091	2分45秒	638	3分07秒	296	3分29秒	67
2分24秒	1068	2分46秒	620	3分08秒	283	3分30秒	59
2分25秒	1045	2分47秒	602	3分09秒	270	3分31秒	52
2分26秒	1022	2分48秒	584	3分10秒	258	3分32秒	45
2分27秒	1000	2分49秒	567	3分11秒	246	3分33秒	38
2分28秒	978	2分50秒	550	3分12秒	234	3分34秒	31
2分29秒	956	2分51秒	533	3分13秒	222	3分35秒	24
2分30秒	934	2分52秒	516	3分14秒	211	3分36秒	18
2分31秒	913	2分53秒	500	3分15秒	200	3分37秒	12
2分32秒	892	2分54秒	484	3分16秒	189	3分38秒	6
2分33秒	871	2分55秒	468	3分17秒	178	3分39秒	0
2分34秒	850	2分56秒	452	3分18秒	167		
2分35秒	829	2分57秒	437	3分19秒	157		
2分36秒	809	2分58秒	422	3分20秒	147		

　　为了适用于学校60分及格的制度，并作为计算学业成绩使用，同时有利于学生自我查表定分，可以定 $\bar{x}-1s$ 点为60分，以此估计现有水平有84.13%的学生在及格分数以上，满分点定为 $x\pm3s$ 处（根据学生发育的发展趋势可以选定）做计分表。

　　$\bar{x}-3s=2$ 分27秒，为100分，d 值为8；

　　$\bar{x}-1s=3$ 分15秒，为60分，d 值为4。

　　列方程组：

$$\begin{cases} 100=8^2k-z \\ 60=4^2k-z \end{cases}$$

通过计算，解得 k=0.833，z=−46.67。

求出 1 秒相当于多少标准差：$\dfrac{1秒}{12秒}$=0.083s，以此计算出 d 值，制表如下（表 4−12）：

表 4-12 成绩计分表

成绩	分数（分）	成绩	分数（分）	成绩	分数（分）	成绩	分数（分）
2 分 27 秒	100	2 分 47 秒	80.1	3 分 07 秒	64.8	3 分 27 秒	54.2
2 分 28 秒	98.9	2 分 48 秒	79.2	3 分 08 秒	64.2	3 分 28 秒	53.8
2 分 29 秒	97.8	2 分 49 秒	78.3	3 分 09 秒	63.6	3 分 29 秒	53.4
2 分 30 秒	96.7	2 分 50 秒	77.5	3 分 10 秒	63.0	3 分 30 秒	53.0
2 分 31 秒	95.6	2 分 51 秒	76.7	3 分 11 秒	62.4	3 分 31 秒	52.6
2 分 32 秒	94.5	2 分 52 秒	75.9	3 分 12 秒	61.8	3 分 32 秒	52.2
2 分 33 秒	93.4	2 分 53 秒	75.1	3 分 13 秒	61.2	3 分 33 秒	51.8
2 分 34 秒	92.4	2 分 54 秒	74.3	3 分 14 秒	60.6	3 分 34 秒	51.5
2 分 35 秒	91.4	2 分 55 秒	73.5	3 分 15 秒	60.0	3 分 35 秒	51.2
2 分 36 秒	90.4	2 分 56 秒	72.7	3 分 16 秒	59.4	3 分 36 秒	50.9
2 分 37 秒	89.4	2 分 57 秒	71.9	3 分 17 秒	58.9	3 分 37 秒	50.6
2 分 38 秒	88.4	2 分 58 秒	71.1	3 分 18 秒	58.4	3 分 38 秒	50.3
2 分 39 秒	87.4	2 分 59 秒	70.3	3 分 19 秒	57.9	3 分 39 秒	50.0
2 分 40 秒	86.4	3 分 00 秒	69.6	3 分 20 秒	57.4	3 分 40 秒	49.7
2 分 41 秒	85.5	3 分 01 秒	68.9	3 分 21 秒	56.9	3 分 41 秒	49.4
2 分 42 秒	84.6	3 分 02 秒	68.2	3 分 22 秒	56.4	3 分 42 秒	49.2
2 分 43 秒	83.7	3 分 03 秒	67.5	3 分 23 秒	55.9	3 分 43 秒	49.0
2 分 44 秒	82.8	3 分 04 秒	66.8	3 分 24 秒	55.4	3 分 44 秒	48.8
2 分 45 秒	81.9	3 分 05 秒	66.1	3 分 25 秒	55.0	3 分 45 秒	48.6
2 分 46 秒	81.0	3 分 06 秒	65.4	3 分 26 秒	54.6		

六、定量评价中评判量表的制定

（一）等级量表

等级量表即以某些指标应用其指示语在程度上的差异和反映指标现象上的区别来划分等级，如教学科研论文评分等级量表（表 4−13）：

表 4-13　教学科研论文评分标准

指标	指标含意	评分等级与标准					权重	
		优秀（90～100分）	良好（80～89分）	中等（70～79分）	及格（60～69分）	不及格（59分及以下）		
选题	指导教学实践意义和理论意义的大小；提高教学质量的作用大小；培养智能型人才的价值大小	大	较大	一般	较小	小	0.15	
科学性	理论依据是否符合教育原理	符合	基本符合（70%）	一般符合（50%）	不够符合（30%）	不符合、有较欠缺	0.06	0.20
	研究方法（含论文设计、采用资料来源、数据处理）是否合理	合理	基本合理	一般合理	不够合理	有错误	0.07	
	分析论证、论点是否明确，论据是否充足	正确、充足	正确、较充足	正确、基本充足	正确、不够充足		0.07	
创造性	是否提出理论上创建或前人未发现的规律与现象	有创新	补充并有发展	补充	无创新		0.06	0.20
	是否推翻或修正前人的理论或方法	有推翻	部分修正	未有发展引进作用	单纯重复		0.07	
	教学改革（含内容、方法、手段、考核、实习、实验、能力培养等）是否有突破	有大的突破	有较大突破	有一般突破	无突破		0.07	
实用性	结论经教学实践检验是否符合客观规律	符合	基本符合	一般符合	不够符合	不符合	0.1	0.3
	在实际应用中推动教学改革起到的作用	起重要作用	起较好作用	起一定作用	作用较小	无作用	0.1	
	在教学过程中对提高教学质量的效果如何	有显著效果	有较大效果	有一定效果	效果较小	未见效果	0.1	

续　表

指标	指标含意	评分等级与标准					权重
		优秀 （90～ 100分）	良好 （80～ 89分）	中等 （70～ 79分）	及格 （60～ 69分）	不及格 （59分 及以下）	
逻辑性	文章表述是否符合逻辑；文学应用水平如何，文理是否通顺	好	较好	一般	较差	差	0.07
论文结构	论文结构是否符合要求	符合	基本符合	一般符合	不够符合	不符合	0.08

（二）双重量表

二次量化是先定性后定量的测量法。二次量化，即模糊评判法，它是对传统评判法的改进。它是一种先用自然语言（即日常语言）进行定性描述，然后再对自然语言作定量刻画的测量方法。

用自然语言进行描述，就是根据观察的结果，用非常 A、很 A、较 A、较不 A、很不 A 去描述对象。其中，A 代表具体场合下的评语，如好、熟练等。由这些评语再加上程度副词就构成了很好、较好、较不好或熟练、较熟练等判断。用自然语言去描述仅是对对象作事实判断，是根据已建立的指标系统的要求，考查测评对象达到指标要求的程度。这一工作结束，就进入了对自然语言赋值的阶段，即用数据对模糊语言进行定量刻画。这一数值一般称为隶属函数 $[\mu(x)]$，用来规定上述模糊判断在 $[0,1]$ 区间的值。对自然语言进行赋值有很多方法。一种是运用算子关系，即把程度副词当作评语施行某种运算。例如，把 A 的隶属函数确定为 0.64，这样推导出的全部结果与人们的习惯比较相符。计算结果如下：

μ（非常 A）=0.90；

μ（很 A）=0.80；

μ（较 A）=0.72；

μ（A）=0.64；

μ（较不 A）=0.51；

μ（很不 A）=0.33；

μ（非常不 A）=0.26。

通过对评语的赋值，可以以定性量表过渡到定量量表，从而得出定量判断。便于作统计处理。

第五章　体育成绩的测量与评价

体育成绩是指在体育教学、运动训练、体育锻炼和运动竞赛中取得的成效，即体育课成绩、训练成绩、比赛成绩、升学体育加试成绩等。

本章主要介绍体育课成绩的测量与评价。对体育课成绩的测量包含定量指标的测量、定性指标的测量和体育知识测验等几个方面，测量方式有计数的、计量的等。计数的有完成技术动作的次数，如篮球投中次数、引体向上次数、仰卧起坐次数等；计量的有丈量高度、远度和以时间计算成绩的项目，如跳的高度、投掷的远度、奔跑的速度；技评有武术、健美操、体育舞蹈等。无论对哪个方面进行测量，均要使用标准化程序以减少测量误差，使测量结果可靠、有效。如果测量结果误差较大，就不可能做出精确的评价。

对体育课成绩的测评具有以下意义：

（1）通过测评，能够获得学生学习效果的反馈信息，有利于调整教学计划和教学各环节的实施步骤，从而使教学过程组织得更科学。

（2）有助于培养学生自我评价的能力。通过测评，不仅能使学生了解自己掌握体育知识、基本技术、基本技能的程度，从中发现学习中存在的问题，而且能鞭策学生不断进取、积极向上。

（3）学生的体育课成绩能客观地评价教学效果及教学大纲。教师应该在分析学生成绩的基础上检查教学内容是否适应学生的需要和所规定的标准是否恰当，找出教材及教学过程中存在的问题，以便不断改进教学方法，提高教学质量。

总之，对体育课成绩测评的目的，旨在使体育教师带着持续改进教学的观点，为达到既定目标而主导和控制教学过程。

第一节　体育课成绩的评价

对体育课成绩进行评价是一项技术性很强的工作，能否科学合理地进行评价，对评价的质量有着重要的影响。在使用标准化程序测量出可靠而有效的数据后，就可以进行评价。

一、评价的一般步骤

（一）明确规定教学过程应达到的目的

对任何一次成绩的评价首先应明确目的是什么，如形成期评价的主要目的是判断在预定的学习过程中学生达到的熟练程度。同时，明确哪些目的已经达到了，哪些目的还没有达到。然后根据评价得到的反馈信息，及时调整教学内容，选择和安排更适宜的教学方法和手段，使之向预定的目标发展。

（二）制定评价标准

评价是通过对照某些标准来判别测量结果，并对这种结果赋予一定意义的过程。可见，制定科学、合理的评价标准至关重要。例如，教育部印发的《国家学生体质健康标准》围绕一定的教育目标依据课程纲要，强调促进学生正常生长发育、形态机能的全面协调发展、身体健康素质的全面提高和激励学生主动自觉地参加经常性的体育锻炼，淡化测试的甄别和选拔功能。又如，各个项目的体育课成绩评定，则是体育部门以项目的特点、动作技术规律等为依据，制定相应的评价体系，以鉴定体育课的教学质量和学生技能的掌握情况。

（三）对学生的体育课成绩对照标准进行评价

体育课成绩是学生上体育课所要达到的完成规定任务的程度，如在足球单元教学中，学生取得的成绩反映了学生所学足球技术、战术及有关知识掌握的程度。因此，对全体学生某项成绩对照评分表转换成分数，然后把单项得分折合成总分予以评价，可以确定其体育课成绩的价值及意义。

（四）评价结果予以反馈

在体育教学中，如果学生掌握了教材内容并增强了体质，评价就可以表示出学生的学习是成功的；如果学生未能掌握教材内容，教师就应向学生指出存在的问题，并促使学生改进。大多数学生普遍存在的问题或在某项技能上经常犯的错误反映了教学中的薄弱环节，促使教师查找原因。教师应经常把学生的目前成绩与过去成绩进行比较，确定成绩提高的幅度和速度，以不断提高教学质量。

二、对体育课成绩的定级

定级是根据学生在规定的时间内完成学习任务的程度而评定其级别，通常以文字或字母来表示。学生所获得的等级作为学期成绩，可以作为教师确定后继课程的起点，即教师可以参考原来的等级和成绩制订新学期的教学计划，为学生在新学期确立新的奋斗目标提供依据。

根据学校体育的目的任务，体育成绩是众多指标的集中体现，为此应采用加权法（在综合评价中，使各类指标享有不同的权重）来制定综合评价标准。具体步骤如下：

第一，在测试的基础上，分别制作不同性别、不同年级、不同项目的频数表，进行正态分析，并计算平均数、标准差或百分数。

第二，用离差法或百分位数法分别制定不同性别、不同年级、不同项目的单项评分表。

第三，对每个个体的各项指标的实测值，查相应加权的单项评分表，计算每个人的总分，然后分别制作总分的频数。

第四，用离差法或百分位数法制定不同性别、不同年级的五级综合评价标准（优、良、中、较差、差）。

三、体育课成绩的考核与总评

（一）体育课成绩考核的办法

体育课成绩的考核一般采取综合评分法。评分的内容一般由体育课出勤率及课堂表现、体育基础知识、身体素质及运动能力、运动技能及技巧掌握四部分组成。各构成部分所占的评分比重如表 5-1 所示：

表 5-1　体育课成绩的综合评分法

考核构成部分	各部分比重（%）	满分（分）
体育课出勤率及课堂表现	10	10
体育基础知识	20	20
身体素质及运动能力	40	40
运动技能及技巧掌握	30	30
合计	100	100

（二）各部分考核内容

（1）体育课出勤率及课堂表现。①考核内容：包括上体育课的出勤率、学习态度、课堂纪律、榜样作用等。②考核方式：根据教师对学生上课的考勤和课堂上的表现记载，参考班主任和体育课学习小组的意见，制定评分细则，由体育教师评定。③凡体育课缺席（含病、事假）次数占实际总授课时数1/3者，按《学校体育工作条例》的有关规定不予评定本部分成绩。

（2）体育基础知识。①考核内容：大纲规定的体育基础知识或教师补充讲授的内容。②考核方式：教师可根据学校实际，采用一节课或30分钟的开卷或闭卷笔试。

（3）身体素质及运动能力。①考核内容：参见《国家学生体质健康标准》。②考核方式：每学期可考核一项或多项。

（4）运动技能及技巧掌握。①考核内容：根据大纲规定的教材内容，对基础动作技术、战术进行测评。②考核方式：按照各项目具体办法进行测试评价，以检测学生技术技巧的掌握程度，并换算为百分数。

（三）体育课成绩的总评

学期成绩＝体育课出勤率及课堂表现（10%）＋体育基础知识（20%）＋身体素质及运动能力（40%）＋运动技能及技巧掌握（30%）。

第二节　试题的编制与评分

体育理论知识测验是测量学生对所学的体育学科知识掌握多少的一种重要手段。它是了解学生学习情况、鉴别学生体育成绩的一个方面，也是为改进教学、提高教育质量而提供反馈信息的一个途径。同时，利用知识测验可以激发学生的学习动力，促使其养成终身体育的习惯。

要编制测验试题，首先要明确测验目的，即为什么要测验，应该测什么，怎样测？只有明确了测验目的，才能解决一系列关系到测验质量优劣的重要问题，即测量的有效性。测验是评价教学效果的主要方法，是促进教学目标得以实现的手段。测验的质量如何，关键在于能否有效地促进目标的实现。

在明确了测验目的后，还要编制测验内容比重表。比重表是依据教学大纲的要求编制的，它包括测验的知识水平和范围，如篮球知识的测验比重表（表5-2）：

表5-2　篮球知识测验比重表

单位：%

测验内容	知识	理解力	应用
技术	15	0	5
战术	0	5	5
进攻	10	10	10
防守	10	10	5
规则	10	5	0

在确定了测验目的，编制出测验比重表后，接下来便是编制试题，即通常人们所说的命题。命题是测验编制中的核心环节，它包括选择试题的类型、编拟试题及题型搭配、确定评分方法、编制测验说明、组织试卷分析等工作。

一、试题的类型及选择

根据不同的标准，可以把试题分为不同的类型。编制试题的第一步工作，便是选择适宜的试题类型。

（一）试题的类型

试题分类的方法很多，最常用的方法是依据试题评分是否客观，把试题分为客观性试题与非客观性试题两大类。在每类试题中，又有许多不同的类型。

（1）客观性试题。客观性的试题，因其评分客观而得名。不同的评分者，各自独立评分，所评结果基本相同，评分者之间的可靠性系数约等于1。

客观性试题适合于测量理解、掌握、分析、应用几个层次的认知目标，而不适合于综合测量、评价高级认知目标。客观性试题答案明确，回答简便，因而在限定的测验时间内可以包含足够的试题数量，保证对知识内容的覆盖率。客观性试题各有明确的标准答案，评分准确、可靠。但客观性试题不易编制，且花费时间较多，而且难以排除考生对试题的随机猜测。

（2）非客观性试题。非客观性试题包括作文题、论述题和自由反应性试题。作文题与论述题合称为论文式试题。

论文式试题适合于测量较高层次的认知目标，尤其适合于综合测量、评价高级认知目标。论文式试题较客观性试题易于编制，比较省时、省力。论文式试题鼓励考生组织所学材料，表达自己的观点。但论文式试题没有明确答案，评分困难，且不可靠。另外，论文式试题易于使考生以模棱两可的叙述掩盖其知识缺陷，测验成绩易受学生写作能力的影响。

（二）选择试题的原则

不管哪类试题都有利有弊，并没有一种适合于各种测验目的的试题类型。因此，教师在选择题型时要充分认识不同类型试题的特点，了解各种试题的优缺点。一般来说，在选择题型时应遵循以下原则：

（1）根据测验目的选择题型。编制试题是为测验目的服务的，因此不应率先确定使用某种题型，而固执地排斥其他适宜题型的选用。

（2）在同一测验中，试题类型不宜太多。题型变换不定会给考生带来不良的心理影响，使他们感到难以适应，从而降低测验成绩。

（3）选择题型应考虑经济性原则。尤其在大规模的测验中，应采用易于实施、易于评分、易于处理的试题类型，以提高效率，节省开支。

二、客观性试题的编制

客观性试题最常见的有是非题、简答题、填空题、配对题、多项选择题。

（一）是非题

是非题通常是提供一个陈述句，让学生判断是、非，或正、误。因此，是非题也叫正误题。

（二）简答题

在客观性试题中，简答题属于开放性试题，它需要学生提供答案。简答题有两种陈述方式，一种是用直接疑问句，另一种是用不完全陈述句。

（1）简答题的优点：简答题可以测量术语的知识、特定事实的知识、原则的知识等各种层次的认知目标，也可以测量解决问题的能力，包括简单解释资料的能力、解决数字计算及使用数学符号的技能。简答题因能测量多种认知目标，所以应用较为广泛。

简答题在各类客观性试题中是较容易编制的一种，通常用来测量记忆性材料。

（2）简答题的缺点：难以综合测量和评价高级认知目标，评分较封闭性试题费时，难以用计算机阅卷。

（3）简答题的编制原则：①一个简答题只能有一个答案，并且答案应简短而具体。因此，试题编制者需要具备高度的措辞技巧和使用准确语言的能力。②不应以简答题测量零散、琐碎的知识，要尽量用简答题计量学生关于学科知识的重要概念。③要尽可能简明地陈述问题，在试题中避免提供正确答案的线索。

（三）填空题

要求学生在空白处填上适当的关键词或短语，使句子完整。

（1）填空题的优点：准备题目较容易，可以减少猜测。要求学生回忆和再现已学过的知识，而不只是认识它，学生必须对已学过的知识做深入的钻研。

（2）填空题的缺点：决定什么样的具体题目非常重要，教师的主观判断可能是不准确的，容易得到不同的回答。

（3）编制填空题的注意事项：①填空题只能有唯一的正确答案，而且需要能用一个词、词组或短语提供答案。否则，不适宜编制填空题。②只能从题目中省去有重要意义的关键词作为空格，让学生填写。③不应从教材或教学参考书中照抄原句，否则会助长学生死记硬背教材的不良风气。④填空题的空格不宜过多，不应因留下空格而丧失题意的完整性。

（四）配对题

配对题一般由两个词或短语组成，要求学生把相关联的连起来。编制配对题需要注意以下几点：

（1）匹配项与选择项不应是一对一的，选择项的数量应多于匹配项，以使学生从众多的选择项中做出正确的选择。

（2）应允许同一答案多次使用，而且每个项目都不能只有一个正确选择。

（3）匹配项目一般不要超过10个。项目太多，会造成考生的心理负担，使其产生厌烦情绪。

（五）多项选择题

多项选择题是客观性试题中应用最广泛的一种题型，它一般由题干和选择项两部分组成。选择项部分由正确项和干扰项两方面组成。干扰项的目的在于干扰考生的选择，诱使那些不具备相应知识的考生做出错误的选择，因此也叫诱答项。

若所提供的选择项中只有一个正确的答案，则称为唯一答案选择题；若所提供的选择项中有一些项是具有正确部分属性的，但其中只有一个选择是优于其他干扰项的，则叫作最佳答案选择题；若所提供的选择项中有两个以上的正确答案，则叫作多重答案选择题。

（1）多项选择题的优点：①多项选择题可适用于各种不同层次的认知目标，这是此类试题的最大优点，也是现在人们偏爱选用此类题型的重要原因。②它除了测量知识层次的目标外，也可用来测量理解、分析、应用、综合、评价等复杂的认知目标。多项选择题可降低由随机猜测对测验成绩的影响，提高测验的可靠性。③采用最佳答案选择题可以处理属于或不属于、对或误、非此即彼之类的问题，而其他客观性试题不适合于测量这类知识。④多项选择题的评分客观、容易，同时适用于电子计算机评分。

（2）多项选择题的缺点：多项选择题不适宜测量学生组织材料及表达观点的能力，而且难以编制确有诱答作用的干扰项。

（3）多项选择题的编制原则：①题干意义要完整，表述要简单明确，避免使用不必要的修饰词和过分复杂的句子结构。题意含混是在编制各类试题中最易出现的错误，避免此类错误最有效的方法就是，以尽量简单、明确的语言叙述试题。同时，使用过分复杂的句型结构，过多的修饰词汇，通常会使测验变成阅读理解能力的测量，不利于达到预期的测验目的。②选择项中的干扰项必须具有似真性，确能起到对不具备相应知识的学生的诱答、干扰作用。③多项选择题应注意题干与选择项之间逻辑与语法上的联系，避免提供选择正确答案的线索。选择项应大致等长，正确选择项应无规律地排列在所有可能的位置上。

三、论文式试题的编制

论文式试题是一种重要的题型，它对综合测量、评价高级认知目标具有特殊作用。

（1）论文式试题的优点：①学生可以按其最佳方式自由回答试题。②可以判断学生掌握知识的广度和深度。③可以测量知识结构的各个层次。④命题容易。

（2）论文式试题的缺点：①评分比较困难。②测验的客观性和可靠性较低。

（3）编制论文式试题的注意事项：①要把题目表述清楚和明确，不使试题过于广泛和笼统。②要标出每题的分值，注意做每题所需的时间。③论文式试题测验不应给学生提供像选择题那样作答的机会，因为这样不易做到试题的等值性，还会影响评阅试卷所得分数之间的可比性。④编制论文式试题时要尽量选用适当的行为动词来表达试题内容，以保证复杂的认识目标的测量。

第三节　学生运动技术水平测验

运动技术是指能充分发挥人的机体能力而合理、有效地完成动作的方法。学生运动技术水平测验的目的是考查和了解测试对象对某项运动技术掌握的程度以及所达到的等级。运动技术测验的编制与实施、应用对象、评价标准等都会随运动技术项目的不同而有所区别。

一、编制学生运动技术测验的基本要求

（一）有明确的使用目的和使用对象

一般来讲，运动技术水平测验的目的主要包括测试各项运动的成绩，为满足体育科学研究的需要，入学考试及代表队的选拔，作为教学训练的辅助内容和手段，诊断体育教学训练中存在的问题以及通过测验给测试对象提供反馈信息等。使用对象的划分要根据年龄、性别、区域以及特殊规定等要求进行，否则将影响测验目的的实现。

（二）与体育教学、训练和比赛的实际情况相结合

编制者在进行测验的设计时应针对测验目的和实际情况的需要，特别是测验项目的确立，并根据教学、训练和比赛中发现的问题有目的地设立。一项良好的运动技术测验一般具有明显的针对性和适用性。

（三）建立相对应的评分、评级标准

实施运动技术测验只是一种手段和方法，通过测验可得到具体的相关数据。测验的目的是在整理和分析这些相关数据的基础上，对这些相关数据进行价值判断，即制定出符合运动项目特点的评分、评级的标准。

二、田径专项测试方法与评分标准

（一）测试指标

测试指标如表 5-3 所示：

表 5-3　测试指标

类别	身体素质	基本技术	实践能力
指标	100 米跑、立定三级跳远、后抛铅球	技评	专项

（二）测试方法和评分标准

（1）考试方法：①每位田径受试者必须参加素质和专项测试，素质测试项目包括 100 米跑、立定三级跳远、后抛铅球三项。②素质和专项测试中的径赛项目均只有一次测试机会，田赛中的远度项目均有六次试跳或试投机会（高度项目每一高度有三次试跳机会），以其中最好一次成绩计算得分。③男子后抛铅球的重量视受试者的实际情况而定，其他投掷项目所使用的器材均为标准器材。

（2）测试方法：①专项测试进行方法一律按最新田径比赛规则进行。②立定三级跳远必须在平地开始起跳，允许受试者穿钉鞋测试，远度测试方法参见田径规则。③后抛铅球时可以在投掷圈内起掷，也可以在平地上画一条直线为起掷线。受试者后抛铅球起掷时，脚跟不得越过起掷线。当球出手后，身体随后仰动作，可以超过起掷线，远度测试方法参见田径规则。

（3）技评方法和标准：①成立三人测试小组，事先认真学习各项目技评标准。②根据技评标准达到五项以上者可评为优秀（8.6～10 分），达到四项者可评为良好（7.6～8.5 分），达到三项者可评为及格（6～7.5 分），只能达到二项或以下者评为不及格（5.9 分及以下）。③依据三人技评分数的平均值作为最终技评分数。

（4）成绩评定：①身体素质指标和实践能力指标按受试者客观成绩由高到低进行排序。②基本技术按受试者技评最后得分由高到低进行排序。③按规定的权重进行加权评分，最后计算总分。

（三）技术评定标准

（1）短跑：①跑的途中面部、颈部、肩部、躯干以及四肢动作放松。②双臂需要在身体两侧摆动，上下肢协调配合，尽量减少横向分力。③腿部灵活，蹬伸送臀动作充分，带膝折叠前摆，积极下压，足部快速扒地。④下肢动作用力顺序合理，大小肌群用力协调，跑的时效性好。⑤途中跑基本做到高重心、大步幅、快频率和有弹性。

（2）跨栏：①起跑加速积极，至第一栏步点准确，节奏稳定。②攻栏、过栏动作充分有力，积极协调。③下栏支撑积极平稳，能快速转入栏间跑。④栏间跑步节奏合理，高重心，直线性好。⑤全程跑、跨动作快速，连贯协调，直线性、平衡性好，节奏感强。

（3）竞走：①摆臂有力，节奏感强，肩带灵活放松。②步幅大，步频快，骨盆沿人体垂直轴转动幅度较大。③后蹬迅速有力，在垂直支撑部位时膝关节能够充分伸直。④向前摆腿时能够勾起脚尖，以脚跟领先着地。⑤上体正直，不前倾，颈部放松，整个动作协调自然。

（4）中长跑：①跑的动作放松，动作轻松、自然。②上体正直或微前倾，颈部放松，跑时重心平稳，直线性好。③摆臂自然，肩带放松不紧张，以肩为轴摆动。④足底落地滚动柔和、有弹性，向前蹬伸，足部扒地效果好。⑤膝关节灵活，蹬伸送髋明显，蹬伸时能充分伸展关节。

（5）跳远：①助跑应有 14 ~ 18 步，跑的动作自然、放松。②助跑的最后 4 ~ 6 步应积极准备上板，踏板准确。③起跳动作连贯、迅速，上下肢协调配合，起跳充分。④腾空后能保持平衡，为落地创造好的条件。⑤落地时收腹伸腿，配合协调平稳。

（6）三级跳远：①助跑应有 12 ~ 16 步，跑的动作自然、协调、放松，最后 4 ~ 6 步达到最快速度，踏板准确。②第一跳助跑与起跳结合积极连贯、快速踏板、起跳充分，换腿时机准确，动作快速向前，幅度开阔、平稳，以摆动式积极落地。③第二跳起跳充分，摆动腿和臂要积极向前上方摆动，并能送髋，腾空后平稳，以摆动式积极落地。④第三跳起跳充分，完成提肩拔腰动作，收腹伸腿落地，配合协调平稳。⑤三跳动作连贯、平稳，并能适合个人特点的合理三跳比例。

（7）撑竿跳高：①持竿正确，助跑应有 12～16 步，跑的动作放松，竿和人体协调，最后 4～6 步达到最快速度。②在倒数第二步开始插穴，插穴准确快速，踏跳点合理，起跳迅速有力，肩、胸进入竿下悬垂，起跳腿留在后面。③摆体时，起跳腿有"鞭打"动作，即小腿前摆急振和制动动作；④引体提臀，双腿后伸，形成直臂倒悬垂，利用撑竿反弹，做引体、转体、推竿，形成倒立姿势。⑤过杆时，要屈臀、低头、含胸、收腹、抬臂，最后过杆落地。

（8）跳高：①助跑技术动作放松，加速自然，节奏鲜明，富有弹性。②助跑弧线段身体在逐渐加速中自然内倾，重心平稳。③助跑进入起跳自然衔接紧密，不减速、不停顿、不变形。④起跳时，摆臂、摆腿、蹬地用力一致，协调配合，摆动幅度大而积极，蹬地动作充分有力，身体垂直向上，整个起跳动作快。⑤过杆动作协调舒展，杆上能形成良好的背弓，整个技术快速、连贯、自然。

（9）铅球：①握、持球方法正确，滑步（或旋转）前预备姿势正确。②滑步（或旋转）过程上下肢、左右腿协调配合，逐渐加速，形成下肢超越上肢的投掷前预备姿势。③最后用力应以从下肢至上肢的用力顺序进行推球，出手角度正确。④滑步（或旋转）与最后用力紧密衔接，不停顿。⑤出手后保持身体平衡，不犯规。

（10）标枪：①握、持枪方法正确。②助跑逐渐加速，引枪协调，下肢逐渐超越上肢，形成投掷前的正确预备姿势。③助跑逐渐加速并与最后用力紧密衔接。④最后用力应做到以正确的用力顺序进行投掷，有"鞭打"动作，效果好，出手角度合理，纵轴用力好，标枪飞行平稳。⑤出手后保持身体平衡，不犯规。

（11）铁饼：①握、持饼方法正确，旋转前预备姿势合理。②旋转过程做到动作快速、平稳、幅度大、身体重心起伏小，下肢超越上肢，形成良好的用力前预备姿势。③旋转应做到逐渐加速并与最后用力紧密衔接。④最后用力的动作顺序正确，动作快速有力，出手角度正确，铁饼飞行平稳。⑤出手后保持身体平衡，不犯规。

（12）链球：①握、持正确，抡摆前预备姿势要合理。②连贯地完成 3～4 圈旋转，链球沿正确的斜面运行。③最后用力应做到下肢、躯干和双臂协调用力，出手角度合理。④旋转应逐渐加速，并与最后用力紧密衔接。⑤出手后保持身体平衡，不犯规。

第六章　体育课程建设评价

第一节　体育课程建设评价概述

一、体育课程建设评价的目的与基本思路

（一）体育课程建设评价的目的

课程建设评价是依据学校教育的总目标和体育课程的任务，对国家、地方和学校三级课程进行的周期性评价。评价的目的是对体育课程的执行情况进行分析评估，发现课程和课程实施中存在的问题和不足，以便及时调整课程内容，改进教学和教学管理，促进课程的不断完善。

（二）体育课程建设基本思路

1. 高校体育课程结构的系统化

目前，高校体育课程结构呈现多元化发展趋势，这是高校体育课程高综合、多目标发展带来的必然反应，因此在课程结构上倡导机动灵活，富有成效。另外，现代高校体育课程越来越注重开放学生选择体育内容、项目的自主权和开放学生学习体育的自由度，以拓展学生学习体育的时间和空间。要实现这一点，就必须加大、加快高校体育课程结构的构建。例如，放宽学生选择体育项目的自主权；给学生充分的自觉学习体育的自由度；实现课内外一体化，拓宽学生自觉、自主和自由学习体育的时间和空间。

2. 关注个性发展，注重教学方法多样

目前，高校体育课程在教学方法上只注重教师"教"的方法，忽视学生"学"的方法，教师"教"的程序也往往局限在讲解—示范—分组练习—巡回指导—教学比赛（或游戏）—总结讲评上，很少考虑学生之间的个体差异和体育基础。依据《全国普通高等学校体育课程教学指导纲要》要求，课程

教学方法的改革将呈现以下趋势：

（1）师生角色的重新定位。单一的"教师教，学生学"模式将被淘汰，教学过程将逐步成为"师生之间、学生之间互教互学、师生互动产生新知识"的过程，课程教学将成为动态的、发展的、富有个性化的创造过程。教师既是学生学习的引导者，又是平等参与的合作者；学生既是接收知识的学习者，又是与教师一起主动探究知识的参与者。

（2）教学方法丰富多样。

①多样化。对同一教材，采用多种教学方法，体现教法多样化。②个性化。提倡教师采用具有个人个性特点的教学方法。③多元化。既有师生间的师传生收，又有学生间的互教互学；既有被动接收，又有主动探究；既学会知识技能，又学会学习方法。

（3）改革考核制度和考核方式，完善考核评价体系。制定考核制度主要是为了检查学生的综合素质，降低技术考核的难度，强调锻炼的过程，加强对自我健身和健康的实际应用能力的考核，才是终身体育所必备的。传统的考试方式是教什么学什么，以及相对应的考什么，学生只能"死记硬做"。因此，要建立高效的考核评价体系，如增加综合性的考核，既有知识、技术和能力，又有学习结果和学习过程，既兼顾学生的基础和提高的幅度，又参照学生实际和预定达到目标的比较等；根据学生的具体差异和特点，采用不同的考核评价方式；等等。

（4）加强师资队伍建设。加强师资队伍建设是课程改革的一项重要任务。体育教师需要更新观念，树立"创新求知""健康第一"和提高体育素养为主要目标的教学指导思想。要完善自身的知识结构，拓宽横向与纵向知识的学习，使自身跟上时代，适应社会的需要，成为一名综合型体育教育者。因此，学校和教师应做到以下几点：①加强思想政治学习，增强凝聚力，发扬敬业精神、奉献精神。②制定科学的竞争激励机制。实行多劳多得的制度，即按工作时间、质量进行分配。实行培养激励机制，给教师业务提高的机会，如攻读硕士或博士学位、参加裁判等级考试、选派进修等，满足其对专业文化学习的需求。③创造良好的培训条件，提供多种形式、多层次、多专题的培训活动。

二、高校体育精品课程建设评价体系构建

（一）高校体育精品课程建设的目标及评价的内容

评价任何一门课程，必须紧紧围绕该课程建设的目标进行。体育精品课程建设的目标是在教学条件、教学内容、教学管理、教师队伍和教材等方面上体现新时期课程理念和改革成果，重视人文教育，充分发挥体育的特殊教育功能，让学生了解体育、参与体育、热爱体育和享受体育。因此，从建设体育精品课程目标层面上分析，评价的内容主要包括师资队伍、教学内容、教学方法、教学管理、教学效果等几个方面。

（二）高校体育精品课程建设评价指标体系的确定及分值分配

高校体育精品课程建设评价者指标体系分值分配如表 6-1 所示：

表 6-1　课程建设评价指标体系及分值分配

一级指标	二级指标	分值
1. 教学队伍	*1-1 课程负责人与主讲教师	8 分
	1-2 队伍结构与整体素质	4 分
	1-3 教学改革与教学研究	6 分
2. 教学内容及教材	*2-1 课程内容	8 分
	2-2 教学内容组织与安排	4 分
	2-3 实践教学	8 分
3. 教学方法与手段	*3-1 教学方法	6 分
	3-2 教学手段	6 分
4. 教学条件	*3-1 教学大纲	6 分
	*4-2 教材及相关资料	6 分
	4-3 授课计划及教案	4 分
	4-4 实践教学条件	6 分
	4-5 网络教学环境	4 分
5. 考核环节	*5-1 考核办法	4 分
	5-2 题库建设	4 分
6. 教学效果	*6-1 同行评价	8 分
	*6-2 学生评价	8 分
7. 课程特色	—	20 分

注：标"*"号的为核心指标，下同。

体育精品课程建设评价指标是对课程建设工作质量要求的具体规定，是课程教学目标的具体反映，因此评价指标确定的恰当与否，对评价工作具有重要的影响，并直接关系到课程建设的质量。为了能够反映课程建设的本质问题，使课程建设评价指标体系便于操作，笔者在参考教育部公布的《国家精品课程评审指标体系》基础上，就精品课程建设评价体系中的 7 个一级指标把每个一级指标分解为了几个二级指标。每个二级指标又分为核心指标与非核心指标，并分别给出了 A、B、C、D 四个等级的评价标准及相应的得分系数（表 6-2）。在分值分配上，通用指标总分是 100 分。其中教学条件最多，为 26 分，其次是教学内容及教材、教学队伍，分别为 20 分和 18 分，特色指标只有一个一级指标，总分为 20 分。另外，还应设立特色指标。因为不同的体育课程的教学内容、教学方法以及相应的设备要求各不相同，评价指标如果过于一致，会影响课程的特点及优势的发展。而特色项目的设立，有利于激发教师的教学积极性和创造性。

表 6-2　课程建设评价指标体系二级指标不同等级的评价标准及得分系数

一级指标	二级指标	分值（M_i）	评价标准及等级（K_i）				评价等级	得分
			A（1.0）	B（0.8）	C（0.6）	D（0.4）		
教学队伍	*1-1 课程负责人与主讲教师	8	课程负责人（或主讲教师）具有教授职称，师德好，学术造诣高，教学能力强。教学经验丰富，教学特色鲜明	课程负责人（或主讲教师）具有副教授及以上职称，师德好，教学能力强，教学经验丰富，具有一定的学术水平和教学特色	课程负责人（或主讲教师）具有讲师及以上职称，师德好，具有较强的教学能力和一定的教学经验	课程负责人（或主讲教师）不具有讲师及以上职称，师德好，具有一定的教学能力		

注：K_i 为评分等级系数，M_i 是各二级指标的分值，综合评审得分 $M = \sum K_i M_i$。

（三）体育课程建设的评价方法和课程等级的确定

在评价某一门课程时，首先要收集与该门课程与评价指标体系有关的材料，然后对照评价指标体系标准，对该门课程的各个二级指标进行评价并计算出相应的得分，最后计算出该门课程一级通用指标总的得分，并按照以下分值标准进行课程等级确定：

（1）体育精品课程：得分在 90 分及以上，其中的二级核心指标都在 A

级以上。

（2）体育优质课程：得分在 80 分及以上，其中的二级核心指标都在 B 级以上。

（3）体育合格课程：得分在 60 分及以上，其中的二级核心指标都在 C 级以上。

（4）得分在 60 分以下，或者不符合合格课程标准的为不合格课程，需要限期整改。

课程特色比较明显的，优先取得合格课程或优质课程或精品课程称号，并在建设中给予优先资助。

第二节　体育课程建设评价量表的设计及应用

在体育课程评价中常用的等级量表主要有以下几种类型：

第一，形容词量表。这是一种用形容词来描述等级的量表。例如，对体育教学态度，我们可用很认真、认真、一般、不认真、很不认真来表示体育教师教学态度的 5 个等级。在调查问卷表中，形容词量表的一般形式如表 6-3 所示：

表 6-3　形容词量表

很认真	认真	一般	不认真	很不认真

形容词量表的特点是比较直观，它用人们的日常语言来描述评价等级，因此比较明确，也比较简便。它的缺点是不易进行定量处理。

第二，数字式量表。这是用数字来描述等级的量表。例如，对体育教学态度，可以用 1、2、3、4、5 来表示体育教师教学态度的 5 个等级。在调查问卷中，数字式量表的一般形式如表 6-4 所示：

表 6-4　数字式量表

评价等级	1	2	3	4	5
教学态度					

严格地说，在数字式量表中，一个数字只表示一个等级，即 1 表示最低等级，2 表示高于 1 而低于 3 的等级，3 表示高于 2 而低于 4 的等级，4 表

示高于 3 而低于 5 的等级，5 是最高等级。这些数字是不能进行加减乘除四则运算的，其原因在于等级 2 和等级 1 之间的差距并不一定等于等级 3 和等级 2 之间的差距，即它们之间的等级差并不一定相等。但在实际中，人们常常忽视这个因素，往往把这些等级差当作近似相等的，因而把这些数字看作给被评对象打的分数，从而对它们直接进行数字运算。因此，数字式量表的一个优点就是容易进行定量处理。当然，数字式量表也有缺点，即每一等级的定义不明确。例如，怎样的教学态度才能列入第 3 等级，这对评价人员来说很难掌握。因而在实践中，往往会由于评价人员对评价尺度理解的差异，掌握宽严的不一样，而造成较大误差。

第三，形容词—数字式量表。为了避免上述两种量表固有的缺点，近年来，人们在实践中又创造了一种形容词—数字式量表。这是一种把形容词和数字式两种量表结合在一起的量表，它用数字确定等级，又用形容词描述等级。形容词—数字式量表的一般形式如表 6-5 所示：

表 6-5 形容词—数字式量表

评价等级	很认真（5）	认真（4）	一般（3）	不认真（2）	很不认真（1）

显然，形容词—数字式量表既保存了形容词量表级别容易掌握、直观的优点，又保存了数字式量表便于定量处理的长处。

第四，形容词—内涵定义式量表。为了避免上述量表固有的缺点，近两年来，人们在实践中创造了一种形容词—内涵定义式量表。这种量表用形容词确定等级，又用具体的定义描述等级。它的优点是等级间的区别明显，因而目前它在评价中被运用得较为广泛。下面就是一个以学生体育学习风气为例的形容词—内涵定义式量表（表 6-6）：

表 6-6 形容词—内涵定义式量表

评价等级	很好	较好	一般	较差	差
学生体育学习风气	抽查 10 个正在上课的班，学生精神状态好，没有不参加练习的现象	大多数学生精神状态好，基本没有不参加练习的现象	大多数学生精神状态一般，可发现一定数量的学生不参加练习的现象	一部分学生精神状态较差，参加者不齐全	学生精神状态差，不参加现象严重

在形容词—内涵定义式量表设计的过程中，有一个问题需要设计者注意：内涵定义是用描述性的语言来区分等级的，因此要注意使其中运用的描

述性语言确实能起到区分等级的作用。这种能使各个等级明确加以区别的语言被称为关键词。例如，表6-6中"很好"这一等级中的"没有不参加练习现象"，"较好"等级中的"基本没有"，"一般"等级中的"可发现一定数量"，以及"差"等级中的"现象严重"就是其中的关键词。它们把各个等级区分开来。通常情况下，"基本没有"一般指至少在95%以上的人群中没有，"可发现一定数量"指有10%～20%的人，"现象严重"通常指1/4以上的人。在形容词—内涵定义式量表中如果少了这些词，或未能理解这些词，这一量表的优点就无法得到发挥，这是需要特别强调的。

第三节　体育教学大纲的评价

一、体育教学大纲评价概述

教学大纲是规范一门学科教学的指导性文件，它对教师的教学有着直接的指导作用，因而对课程质量有重要影响。

教学大纲是联系课程计划与课堂教学的中间桥梁。教学大纲使有目的的学习的组织与结构能在教师及师生之间进行交流。它一般包括一门课程的教学目的与目标、该学科的主要学习内容、学生学习结果的考查与考核等。

体育教学大纲由以下几方面组成：

第一，"说明"。教学大纲的"说明"部分扼要地阐述了体育学科的教学目的和任务、教学内容选择的主要依据以及教学方法的原则性建议。

第二，"正文"。教学大纲的"正文"部分列出章、节的标题、内容要点和授课时数、作业的内容和时数以及其他教学活动的安排和时数。

第三，在必要的情况下，体育教学大纲还需要列出教学参考书和必需的教学仪器设备。

和课程计划一样，教学目的在教学大纲中占有很重要的地位，它决定了本门课程的内容和教学重点。有些学者认为，教学目的在教学大纲中可有可无，这显然不对。同教学大纲中的教学目的和在教学计划中的教学目标不同，教学大纲作为一门具体教学科目和文件所确定的这门教学科目的教学目的显然应具有更大的可操作性，也应更具体。

从科学管理的观点来看，除了教学目的和教学内容以外，教学大纲还需要列出本门课程的明细规格。一门课程的明细规格表也称双向细目表。

双向细目表可看作一个二维矩阵，其一是目标，其二是内容，它由各门课程的教学内容确定。以下是以《学校体育课程》为例的双向细目表（表6-7）：

表6-7 双向细目表

单位：分

教学内容	教学目标						合计
	知识	领会	应用	分析	综合	评价	
学校体育课程的本质和性质	1	1	3	—	3		8
学校体育的原则	2	2	3	—	3		10
体育规划	2	2	3	—	3		10
体育行政	2	2	3	—	3		10
体育督导	2	2	2	3	3		12
学校内部的领导体制	2	2	3	—	3		10
教学管理	2	2	2	—	2		8
德育管理	2	2	3	—	3		10
教育评价	3	3	3	—	3		12
管理技术	2	2	2	2	2		10
合计	20	20	27	5	28		100

双向细目表具体地确定了学校体育课程的教学内容，每个教学单元的教学目标及其重点，它规定了每一教学单元应达到的最终结果。例如，从表6-7中可知，"学校体育课程的本质和性质"这一单元的教学目标有四方面，包括知识、领会、应用和综合，其中培养学生的应用能力又是本单元的教学重点。双向细目表简单明了，为体育教师分配教学时数、教学精力提供了方向，同时为检查最终的体育教学结果提供了标准。

体育教学实践表明，教学大纲作为直接指导学科教学的文件与材料，比课程计划对学校的体育教学有更大的影响。为了不断提高教学质量，我国教育界逐步提出了"一纲多本""多纲多本"的设想，这对改变长期以来我国学校体育只有一套体育教学大纲和少量几本体育统编教材的模式起到了很好的作用。

二、从现行体育教学大纲看我国学校体育课程建设

第一，教材内容要反映现代社会的发展、科学文化的进步和时代的特

征，要有利于促进学生的智力发展，培养学生积极的思维和开拓进取的精神。教材内容要现代化，要反映科学技术的进步。

虽然体育的科学成果日新月异，不断进步、更新，但是人们还必须注意学校体育与竞技体育既有联系又不等同的特点。既不能把体育教学搞成"竞技化"，也不能把运动项目排除在体育教材、教学之外。运动项目作为一种体育文化现象，在体育教学中完全可以有选择地使用，以达到体育教学的目的。从理论上讲，任何体育单个动作都不具有固定的思想、目标和属性，而是教育者确定目标后，把它作为达到目标的一种素材。田径或其他运动项目，特别是球类项目，可以用来培养运动员，用它作为竞技项目获取冠军；也可以用来锻炼学生的身体，愉悦身心，成为一种文化内涵，作为进行素质教育的手段和方法。

第二，使每个学生都能体验成功和参加体育的乐趣，养成积极参加体育锻炼的习惯，为终身体育打下良好的基础。学生体验体育的成功和乐趣，既是体育学科的目标，又是激励学生的手段。成功与乐趣、失败、挫折甚至痛苦是相伴而生的，成功和快乐是经过磨难并在克服困难中产生的，只追求表面的、一时的快乐是不会长久的，没有磨难的乐趣，基本不可能培养出为事业坚持不懈的国家栋梁之材。有的体育技术是体育目标要求的，而为了掌握一定的技术，教师必须认真教学，学生也要刻苦锻炼，只肤浅地追求快乐的形式既不提倡也不可取。

终身体育不能只理解为"学会一种运动手段可以终身受用"，因为这种手段是不存在的。初中以下的学生，应当用多种多样的体育内容（包括运动项目）锻炼身体，使身体得到全面锻炼，并体验多方面的体育内容，进而激发对体育锻炼的兴趣。即使对高中学生，教师也不宜只用一种内容与方法进行教学。体育的内容与方法是与学生年龄层次和整个人生不同阶段的不同需要相适应的。终身体育是从终身教育引申来的，但终身体育与终身教育有不同之处。终身教育是给每个人的一生都有学习的权利和机会，在转换自己的职业时，有接受培训的机会。它打破了所谓正规教育和非正规教育的界限，在任何年龄段，只要需要就可以通过各种形式学习自己喜欢的东西。终身体育就是终身锻炼，在国家和社会提供必要的条件下，很大程度上是依靠自学、自练、自我调控和自我评价来实现的。要想做到这一切，关键是打好基础，掌握有关的理论与方法，在不同的年龄阶段、不同的健康状况下，选择相应的锻炼手段与方法。在成年，特别是中老年以后，就不适宜用青少年锻炼的内容。

终身体育着眼于现在，也着眼于未来，但首先是现在，即要对学生的现在负责，对青少年的健康成长负责。对于未来，也并不能简单地理解为只学会一两个项目就行了。实际上，掌握一两种锻炼手段固然重要，但能够终身用以锻炼的手段与内容并不多见。最主要的是打好基础，这些基础可包括以下内容：①身体正常发育（包括形体和机能）的基础。②体育健康的知识、技能、方法的基础。③体育意识、价值观和良好的锻炼、卫生保健习惯的基础。④自学、自练、自调、自控、自我检测与评价的知识与能力的基础。⑤自我保护、避害，不发生伤害事故的知识与能力的基础。⑥抵御疾病和适应自然与社会环境的知识与能力。⑦对体育的兴趣和对体育文化的关注，具有一定的体育欣赏水平。

第三，体育教材内容和体育教学必须面向全体学生，使每个学生积极地参与教学，并力争使每个学生的个性得到发展，因材施教，发挥学生的特长。由于体育的特殊性，许多体育项目要从小抓起，为国家培养后备人才。但是，任何一个教学科目都不可能通过一般的教学课在课堂上直接培养出专业人才。体育的"尖子"（这里所说的尖子，不是相对的优秀者，而是与一般相对的超常人才）也是一样，要从全校学生出发，但这不是齐步走，更不是限制学生的发展。因材施教，就是在全体学生都得到发展的基础上，再根据不同条件的学生给予不同的要求，发挥学生的特长。需要注意的是，学校绝不能为了少数人的提高，而忽视大多数人。体育课只能是打好基础，发现人才，为继续提高创造条件。对体育基础好又有运动才能的学生，还要通过校内外专门的运动训练，发展其特长，提高他们的运动水平，使这部分学生同样得到发展。

第四，体育教材的内容必须将统一性（主要指思想观点和普通的要求）与灵活性（弹性和选择性）结合起来。有一种观点认为，我们国家大，发展不平衡，全国没有必要编通用大纲。经验证明，国家大，各地条件、水平不同，更有必要由国家制订和颁发全国通用的大纲，以起正确的导向和指导作用，促进全国各地的共同发展和提高。一个国家、一个民族要有共同的方向、统一的意志，共同建设我们伟大的国家。因为每个人都必须接受义务教育，有了统一的通用指导大纲，对提高全国人民的身心素质具有重要意义。但是，统一绝对不是不区分条件，强求一致。既要有统一性还要有灵活性，统一与灵活是对立的统一，是不矛盾的。要求是统一的，为了适应各地区不同的发展水平和学生的各种差异，正是为了实现指导思想的统一性。因此，除了大纲规定的内容与要求外，各地有一定的选择性，还可以编写乡土教材、补充教材，调整教学要求与考核标准，加强教材内容的选择性和弹性。课程教材要实行三级管理，即国家、地方和学校，也可以根据"一纲多本"的精神，编写不同类型的教材。但是，"一纲多本"的"多本"并不都是简单的重复，应当各具特色，如果没有特色，何必多本？

第五，要正确处理好继承与发展，本国经验与学习外国经验的关系。我国人民不能妄自菲薄，因为我们有几千年的光辉历史和古代文明，必须继承与发扬；我们的教育和体育教学改革取得了很大的成就，特别是改革开放以来积累了丰富的经验；我们有一支为人民服务、忠诚教育事业、热爱学生、艰苦奋斗的教师队伍；我们有积极主动、生动活泼、勤奋好学，为建设祖国、保卫祖国而锻炼的学生。因此，那种忽视本国经验，甚至把优良传统一概视为"落后"是不正确的，关键是继承什么，如果对于已经落后了的东西仍不肯否定，这就是保守。例如，我国的体育教学在班级人数比发达国家多一倍，场地器材比较差的条件下，不断地改革前进，我们已经有了一套成功的经验，这些宝贵的财富绝对不能轻易地否定。当然，我国也必须承认自己的不足，特别是各地区和学校发展的不平衡问题。如果使我国的学校体育能同发达地区和较高水平的学校一样，我们国家的学校体育将越发辉煌。

第六，体育教材和教学改革应把相对的稳定性和开创性结合起来，一切改革都应经过试验、总结经验再行推广。一哄而起，朝三暮四，不断提出"新"口号，不经试验就在全国强行推广，其结果通常是欲速则不达，反而推迟了改革的进程。学校体育教学改革必须按教育、体育与健康的规律办事，如果急于求成，用短期突击的办法强制达标，不仅达不到预期的效果，还会损害学生的健康。

三、体育教学大纲评价的实施

体育教学大纲的评价要从教育行政部门、学校和教师多个层面，周期性地对大纲执行过程中的问题进行分析评估，并根据课程目标和要求，结合实际情况不断调整充实内容，以不断改进和提高大纲的适应性和科学性。实施方法如表 6-8 所示（表中所示是实测中所使用的，仅供同行参考）：

表6-8 "全日制普通高级中学体育学科教学大纲（供试验用）"评价表

评价对象：学科教学大纲　　　　　　评价人：

评价准则	评价指标	评价结论	修改意见与建议
体育教学大纲编制	教学大纲编写格式的合理性； 教学大纲内容选择的合理性； 教学大纲结构安排的合理性		
体育学科教学目标	教学目标选择的合理性； 教学目标内容的合理性； 教学目标要求的合理性； 教学目标表述的合理性		
体育学科教学内容	教学内容的丰富性（知识广度）； 教学内容的深度（知识难度）； 教学内容的学科先进性； 教学内容的社会适应性； 教学内容结构的学科合理性； 与相关学科教学的协调性		
课时安排	课时总量安排的合理性； 课时年级分配的合理性； 周课时安排的合理性		
必修课与限定选修课的关系	必修课、限定选修课的教学目标安排的合理性； 必修课、限定选修课教学内容安排的合理性； 必修课、限定选修课教学要求安排的合理性		
教学要求	各教学环节安排的合理性； 练习、比赛或能力教学安排的合理性； 教学设备设施要求的合理性； 对教师教学要求的合理性； 对学生学习要求的合理性		
学生学习评价	评价对象说明的合理性； 评价性质说明的合理性； 评价目的与评价任务说明的合理性； 评价类型要求的合理性； 评价方法技术要求的合理性； 评价结果运用要求的合理性		
总体评价结论		1. 较差；2. 一般；3. 较好；4. 很好	
备注			

第四节　体育教科书的评价

一、体育教科书的功能、用途与使用策略

（一）对体育教科书特性的分析

（1）体育课教的是运动技术，其形式是身体练习，而其他文化课教的是知识。传授运动技能的有效途径是手把手地教和使学生不断地模仿与练习，运动技术是表现在人行为上的东西，传授运动技术时做示范要远比用文字来描述更形象、准确、生动和清晰。

（2）体育虽然也有知识，也有理解，但这些知识和理解要依托于身体练习，体育的知识和原理不是很难，也不像语文和英语那样需要大量记忆。因此，在体育课中像其他文化课那样依靠教科书课中记忆知识和理解问题的情况极少。

（3）对运动技术进行文字描述或让学生仅靠文字理解运动技术的描述是一件非常困难的事情，这需要学生具备一定的语文水平和识字量的基础。因此，小学低年级学生可能不适应文字教科书，他们更需要音像教科书和图解教具等。

（4）其他文化课一般都有练习题，既要在课上做，又要在课下做，而体育课几乎没有这个必要。

（5）体育是在运动场上学习，如果每个学生都带本教科书反而是累赘。因为体育教科书与其他文化课的教科书有所不同，所以体育教科书不能像其他教科书那样去理解、编写和使用。

（二）体育的各项内容与教科书的关系

体育课程该不该有教科书？学者还从体育教学内容的各个不同部分分别进行了分析。体育教学内容中主要有知识和原理、运动技术、战术三部分。

（1）体育知识和原理。体育的知识和原理是同其他文化课的内容最相近的一部分，其学习方式主要有以下两种：

一是可以直接在教室里传授的部分，如"体育卫生保健知识"。例如，原体育教学大纲中规定的"上好高中体育课的意义和要求""终身体育""高

中生的生理、心理特点与体育锻炼""自我监督与评价""如何制订锻炼计划与运动处方""发展各种身体素质的方法"。这部分内容可以用文字叙述的形式编入体育教科书。

二是那些不能或没有必要在教室里传授的知识，即应该渗透在运动技术学习过程中进行传授的知识，如体育教学大纲中在各个实践教科书的"教学内容与要求"中体现出的内容（表6-9）：

表6-9 体育教学大纲对实践教材传授知识的要求

项目	传授知识的要求
体操	通过教学，应使学生了解体操运动的锻炼价值、基本原理及有关知识
武术	通过教学，应使学生掌握基本动作和锻炼方法，了解动静、起落、转折、轻重和快慢结合的运动规律。应结合武术和其他民族传统体育的教学，对学生进行爱国主义教育及武德教育和文明礼貌教育，提高学生的民族自尊心
球类	通过教学，应使学生在打球中学习和掌握球类的基础知识和基本技术

以上两部分的知识和原理中，第一部分可能需要教科书（因为在教室中传授）；而第二部分可能不需要教科书（因为要随着运动技术在操场上传授），可能要通过"教师指导用书"来指导体育教师在练习中渗透传授。

（2）运动技术。运动技术可分为以下两类：

第一类是比较容易掌握的运动技术，如某些简单的武术动作、健美动作、田径中的起跑和传接力棒等，这些内容只要教师做好示范，再让学生模仿、练习，教师纠正学生错误动作等就能基本掌握，这种运动技术的传授基本上不需要用教科书来辅助教学。

第二类是时空关系比较复杂、掌握起来比较困难的运动技术，如背越式跳高、较复杂的器械体操、跨栏跑等，这些技术动作往往有教师示范学生也难以看清，难以看懂，因此需要如体育教科书这样的载体来辅助教学。

（3）战术。战术是多人组合的行为，通常实现战术所需要的空间比较大，参与战术的每个成员都在不停地运动，完成战术的时间很短暂，时机也很微妙。因此，有时体育课中难以用人来示范，有的示范也难以让学生理解和记住。因此，战术，特别是球类运动的战术有时需要用教科书来辅助教学。

根据上面对不同体育教学内容的分析，我们可以获得以下3点启示：

第一，不是所有的体育教学内容都需要教科书来辅助教学。因此，体育教科书的内容是那些需要用文字、图解等形式来表达的东西。

第二，体育课虽也需要教科书，但由于体育教学的特殊性，不必也不可能让学生天天带着教科书上课。因此，体育教科书的大部分用途可能是体现在课下。

第三，体育教科书主要由比较抽象且内容比较完整的体育知识、难以示范的运动技术和战术等几个部分组成。

（三）体育教科书的功能

（1）作为技能讲解媒体。比较复杂的运动技术和战术需要用文字、图画来表示，如果仅靠教师在课堂上的讲解是不够的，因此需要其他形式来辅助。不同于其他文化课，在体育课上使用黑板和挂图很难。因此，体育教科书有时比其他学科教科书更有用。

（2）作为课后复习材料。有的教学内容虽然在体育课上教了，但一些技能需要在课后练习，如需反复练习的武术和健美操等，还有一些知识需要在课后运用，如场地画法、规则和裁判法的学习等，此时需要体育教科书帮助学生复习，由于体育课中学生不大可能做笔记，因此体育教科书具有笔记本和复习资料的功能。

（3）作为课中和课后体育作业辅导书。课中和课后的体育作业越来越受到人们的重视，为了提高学生锻炼身体的能力，在教科书中安排一些自主性较强的实践作业，在课后一些锻炼身体的作业是很好的做法。为了规范作业的要求，节省留作业的时间，利用体育教科书布置作业并辅导学生完成作业也是它应该具有并值得开发的功能。

（4）具有课外阅读的功能。现有学者提倡体育教科书应具有"读本"的性质，主张把一些在课外读物和各种媒体中难以系统获得的体育知识和原理编进教科书，使学生手中有一本愿意读的"体育读本"，当然这个读本也可以配合体育课的知识和技能学习。

（5）可以使学生在课中和课下进行相互和自我评价的功能。现在许多体育教科书中都有学生自我评价和相互评价的内容，还有一些类似量表的东西，以便学生在课上、课下对自己、对他人、对小组同伴、对班集体，甚至对教师做出一些评价，从而使体育学习更加理性化，更加充满活力和民主氛围，这也是当前体育教科书改革中突出的新功能。

体育教科书的5种功能大都集中在课内与课外结合的广阔时空中，不像其他文化课的教科书的功能主要体现在课堂教学的方面，这可能是体育教科书的一个本质特性。

（四）体育教科书的用法

1.课中辅助教学，课下指导复习

课中辅助教学是说体育教科书应在某种程度上参与体育课堂教学，这种参与主要体现在以下几种情况：

（1）学生在体育课中对某些有难度的动作进行钻研，如分析运动技术结构时帮助学生思考和分析。

（2）学生在体育课中对某些有深度的理论问题进行讨论，如探讨某些战术理论时，给予他们分析的方法和例子。

（3）学生在体育课中进行小组学习或教师让学生进行独立探索性学习时，为他们提供各种参考。

（4）当教师想在体育课中给学生以更广泛的学习内容或进行不同内容的选择制教学时，可为学生提供选择内容。

（5）当教师在体育课中让学生进行相互和自我评价，小组间、小组内进行评价时，可给予学生评价的标准和方法。

课下进行复习，是指通过教科书帮助学生在课后复习有难度的运动技术以及练习身体素质的用法。因此，体育教科书中应有课外练习的作业，包括练习方法、练习量、注意事项等，形成一种类似"家庭作业"的"课后体育练习"的东西，如"家庭运动处方""课外练习""课外体育小组活动"等。

2.课中辅助教学，课下拓展学习

课下拓展学习是指在课下安排一些与课上内容有联系，但较之课上内容更拓展的内容，提供给学生在课下进行自我学习和探索，如理论上需要思考的问题、在方式方法上变型和变化的运动，形成一种类似"课外尝试和探索作业"的东西，如"课外探索园地""分析一场体育比赛""生活中的安全检点""对自己体质进行判定""对家人健康生活进行检点"等。

3.课中辅助教学，课后进行评价

课后进行评价是在体育教科书中利用一些评价表，让学生对某一阶段的体育学习情况进行自我评价，这可以帮助学生对自己的学习态度、学习行为、学习效果等方面进行评价，有利于学生进行内省式的总结。

（五）体育教科书的使用策略

（1）学习指导的策略。与其他学科的教科书不同，体育教科书在课上使用的机会不会很多，但是它可以适当参与体育教学，指导学生进行体育学习。在学习某些有一定难度的技术动作而教师又不太好分解示范时（如"鱼跃前滚翻"），教科书中的插图可以帮助学生进行思考与分析，从而使学生更好地掌握该运动技能。教科书还可以让学生获得新的学习信息。例如，跳绳课上，在学生有一定基础的情况下，教师可以让学生以小组的形式阅读教科书，学习甚至创设新的跳绳方法。这样，学生不仅学会了技能，而且学会了通过教科书获得运动知识的方法。

（2）拓展学习的策略。以往的体育教科书以运动技能学习为主，而教科版体育教科书则对运动保健和安全技能等内容给予了关注，"运动处方""安全行为与演练""锻炼情况检查"等方面的内容有了深度的开发，使体育教学的内容更加丰富多彩，使体育锻炼和科学养生保健紧密结合，也使学生可以在更加广阔的范围内选择体育学习内容。此外，教科书中的"练法与玩法""探究性拓展性学习""知识规则简介"等内容旨在指导学生进行课外锻炼，拓展体育学习的空间和时间。

（3）教学评价的策略。教学评价是体育教学的组成部分。体育教科书中最后的"学习后的评价"和"锻炼后的评价"提供了相应的评价标准和内容，使学生在获得知识、技能的同时，可以知道自己学得怎么样，从而为引导他们体育实践、提高对身体锻炼的理性认识、培养能力提供了条件。教师可以根据教科书的特点，在课堂上安排一定的时间，灵活运用多种评价方法，如过程评价、进步度评价、学生间评价和学生自我评价等，形成激励性评价的整体效果，从而更好地帮助学生进行体育学习。

（4）终身体育的策略。体育教科书的作用和价值不仅在于告诉学生一些动作技能的方法，而且能让学生从体育教科书中获得更多的思考和启发，从而为学生的终身体育服务。例如，体育理论部分的内容，有助于教会学生良好的锻炼身体的方法；教科书每个单元开始的水平目标和学习要点，有助于学生对运动项目的特性和教学意义的理解，激发学生学习的兴趣；教科书中运动规则的介绍，有助于学生在运动中遵守规则；心理拓展的训练内容，有助于学生身体活动，提高心理素质。

二、体育教科书评价的理论基础

教科书评价是一项政策性很强的工作。因为教科书是在特定教育背景下，为实现特定的教学宗旨服务的工具，从不同的宗旨和目标出发，可以对同一教科书产生不同甚至对立的看法。例如，从培养社会精英的目的出发认为是好的教科书，用普及教育的要求来衡量就未必是好的教科书。因此，确定教科书评价的出发点是非常重要的。在我国，教科书评价的出发点是党的教育方针，是国家规定的基础教育各个阶段的目标和任务。

教科书评价是一项实践性很强的工作，不同的评价者，从不同的目的出发，对教科书的分析评价采取不同的手段和程序。如果分析的目的在于对教科书的推广使用进行把关审查，重点在于得出一个有关教科书能否通过、能否推广使用的恰当的结论；如果目的在于向编写教科书的人反馈意见，则除了要关心教科书能否通过以外，还需要对教科书编制的细节提出具体的意见；如果目的在于为使用教科书的教师和学生提供选择和使用教科书的参考意见，则还需要关心教科书在教学方法、使用条件与对象等方面的特色；如果目的在于进行理论研究，则分析着眼点应跟随研究目的的变化而变化。

三、体育教科书评价的标准

确定标准是对教科书进行评价的前提，而要明确标准，就必须确定进行教科书评价的维度和理念，也就是说，应从什么角度出发提出问题、收集资料、进行分析，应以什么理念为尺度来衡量、评价教科书的质量。从教科书在教学中的角色和作用出发可以认为，教科书的评价有以下 5 个维度：

（一）知识维度

即教科书以什么理念作为指导思想概括人类的知识，或者说选取什么样的知识来作为教学的内容，能否将学生学习的必要知识以恰当的方式汇集起来，这是分析评价教科书的一个重要的维度。这一维度要衡量以下内容：教科书内容反映学科基本结构和发展方向的水平；教科书内容对学生素质发展的必要性和典型性；教科书内容及组织、表达方式的科学性；教科书内容与学生生活环境的联系程度；教科书内容与其他学科的协调程度。

（二）思想品德与文化内涵维度

即教科书必须有丰富的思想文化内涵，展现高尚的道德情操，潜移默化地帮助学生提高思想觉悟和文化涵养，培养良好的道德风范，懂得尊重和善于吸收其他文化的营养，这是衡量教科书质量水平的另一个维度。这一维度要衡量以下内容：教科书所体现的辩证唯物主义和历史唯物主义思想；教科书所体现的人生观、价值观和道德观；教科书在激励学生的探索精神、创造精神和实践方面能力的水平；教科书对科学精神和科学态度的倡导水平；教科书对中华文化和人类文化的认识。

（三）适应青少年的心理特点和发展水平

即教科书所选内容应与青少年的心理特点相适应，与其发展水平相一致，能够促进学生整体素质的全面发展，这是衡量教科书质量水平的另一维度。这一维度要衡量以下内容：教科书能否调动学生的兴趣，激发学生的求知欲；教科书能否引导学生主动建构新知识；教科书能否从多方面强化学生的感知和知识发生过程；教科书对学生的起始程度要求是否适合预定的发展目标；教科书是否符合学生心理发展的成熟程度，是否遵循学生心理发展的规律。

（四）编制水平维度

作为学生学习的工具，教科书编写和出版制作水平也是衡量教科书质量的一个重要的因素。内容再好的教科书如果在编写和制作方面水平很低，其使用效果也不会好，这是衡量教科书质量的第四个维度。这一维度需考虑的问题主要包括教科书的版式设计水平、教科书文字的编写水平、教科书插图与文字的配合程度及制作水平、教科书编写形式的丰富程度和相互配合水平、教科书的印刷工艺质量。

（五）适应当前的教育环境，符合学生和教师的实际

教科书的使用过程不仅与教科书本身有关，还与教学环境、师资水平以及学生的情况有关，这是反映教科书质量的又一重要维度。这一维度需要考虑的问题主要包括教科书与教师水平的适应程度、教科书与学生水平的适应程度、教科书与学校资源环境的适应程度、教科书与使用教科书地区的经济与社会发展的适应程度、教科书的教学设计与实际使用情况的符合程度、教

科书预定的教学目标在实际中的达成情况。

从这五个维度出发，可以具体地提出教科书评价的标准，即必须有利于素质教育目标的落实，有利于体育课程标准的实施，有利于学生的主动学习，有利于教师组织教学，有利于教科书的多样化和特色化，等等。

四、教科书评价的程序

第一步，了解教科书的实体并据此对教科书作出一般性的介绍，介绍教科书的实体，列出所含的各种成分，如基本资料、背景、作者的编写指导思想和内容框架等。

第二步，收集反映教科书质量的静态和动态资料。由于教科书的价值是在课堂教学的过程中实现的，因此对教科书进行分析时不仅要收集直接从教科书中抽取出来的静态资料，还需要收集反映教科书使用过程的动态资料，作为进一步分析的基础。这是教科书评价中最重要、最基本的，也是工作量最大的一步。

静态资料收集是指从教科书本身收集资料。教科书分析的视域包括教科书所体现的教学目标、教科书的内容体系、教科书对教学方法的设计和练习活动的安排，以及教科书的编写制作水平。收集静态资料就是找出反映教科书在上述视域中实质的资料与数据，以便从教科书的知识内容、思想文化内涵、认知与发展规律以及编写水平等维度出发，对这些资料进行分析评价。

动态资料收集是指从教科书与各种影响制约教科书因素相互作用的过程中收集反映教科书质量的资料与数据。在实际使用过程中，教科书与教师、学生、教学环境、社会等因素发生相互作用，使这些因素都发生了一些变化，然后，评价者根据这些变化判断教科书的质量和问题。动态资料是从外部通过教科书与其他因素的相互作用来收集信息，这种相互作用比较明显，容易量化，可进一步研究。例如，调查与收集资料数据，可考虑以下几项：教师的教学观念、教师对教科书的看法和意见、学生学习方式的变化情况、学生对教科书的喜爱程度和使用方式、实际教学过程和教学方法与教科书设计的差异、学校和教研人员对教科书的看法与改进意见、社会对教科书的评论和反映等。

第三步，从不同的维度对教科书进行定性分析。定性分析的方法是将收集的资料数据进行归纳和整理，然后从知识、思想与文化内涵、认知与发展规律、编制水平、可行性这五个维度对教科书进行描述，说明教科书实际的教学目标，教科书内容体系的教育性、科学性和适切性，实际的教学过程与设想的教学过程吻合的程度，以及教科书的编写制作水平。定性分析报告的内容可包括教科书的目标与效果、教科书的主要特点、对教科书或课程的支持或反对的意见、对教科书教与学的方式的支持或反对意见、对教科书的测验学习效果方式的支持或反对意见、对教科书的使用方式的建议与改进意见、对教科书编制的建议与改进意见等。

第四步，在分析的基础上综合评价教科书的有效性、可靠性、可行性和制作水平。

在上面分析的基础上，可配以一定的评估标准和计分方法，进一步给教科书评级。具体做法如下：把教科书的知识水平、思想与文化内涵、认知与发展规律的符合程度、编制水平和可行性分成 3 或 4 个等级。最佳一级的得 3 或 4 分，最差一级的得 1 分。一般来说，应由比较权威的行政部门或学术机构来进行认真的等级评定。其标准应有科学性、可操作性和稳定性，并得到社会的认可。

第七章　体育教育专业综合
　　　　素质评价体系构建

高等学校的教学改革的根本目的是提高人才培养质量。高等学校的人才培养质量，有两种评价尺度：一种是学校内部的评价尺度，另一种是学校外部的评价尺度，即社会的评价尺度。本章主要阐述体育教育专业综合素质教育评价的理论、评价指标体系设计的原则、评价指标体系设计的方法、本科毕业生综合素质、评价的广度等分析问题。

第一节　体育教育专业综合素质教育评价的理论

一、对体育教育社会评价的定义

社会评价是指从一定的社会角度来考察和评定现象的社会价值，判断现象对社会的作用之善恶美丑功过及其程度。依据社会评价的特点和已有的教育评价的定义，华东师范大学教授陈玉琨将教育的社会评价定义为"是从国家与地区的需要出发对教育进行的评价"[①]。社会对教育的需要有当前的需要和长远的需要，与之相对应的是教育社会价值的社会现实评价与社会历史评价。社会现实评价是指以满足社会发展眼前需要为价值尺度的教育评价，而社会历史评价则是以满足社会发展长远需要为价值尺度的教育评价。王景英、刘淑杰认为"教育的社会评价是指以教育系统外部的社会力量为主体，以社会发展和用人单位的需要为尺度，对教育现象进行价值判断的活动"[②]。

这些界定首先规定了教育社会评价的主体是社会用人单位，因而同教育的自我评价、政府主管部门评价和专家等评价相区别。其次，这些界定也揭示了教育社会评价所具有的独特的视角与尺度。教育评价有不同类型的主体，但评价的对象是同一的，都是教育，因而不论是教育的自我评价或政府

---

① 　陈玉琨．教育评价学 [M]．北京：人民教育出版社，2019：28．
② 　王景英，刘淑杰．关于建立教育的社会评价机制的思考 [J]．教学与管理，1998(12)：3-5．

主管部门的评价等，总有某些相同之处。这是因为，它们以教育行为或现象为对象，在评价活动中基本都以国家教育路线、方针及社会和经济发展需要为依据；且基本都遵循方向性、激励性、科学性和可行性等原则。然而，既然是不同类型主体的评价，那么评价的具体视角和尺度就不会完全相同。教育社会评价是以社会和群众的需要、要求和利益为尺度，这一点是教育社会评价存在的理由，也是同其他类型主体评价的区别之一。因为教育社会评价在内容、标准方面不同于其他类型的评价，至少应该说教育社会评价有自己的着重点。社会评价主体是社会力量，因而它的评价视角或角度应当是社会。所谓的以社会为视角，是指以社会政治、经济和文化的发展需要为基本尺度去评价教育现象，这种需要不仅包含短期的发展需要，而且包含长期的可持续性发展的需要；以社会为视角还指以人民群众的利益和需要为基本尺度去评价教育现象，这种利益和需要既包括暂时、近期的利益和需要，也包括长期、根本的利益和需要。

教育社会评价的这种独特的视角或角度，是发展和构建教育社会评价的一个重要原因。另外，这些界定所规定的评价对象是教育活动或现象，这是一个整体概念。具体的则包括高校的整体办学水平和效益、学校的管理水平、学生的质量、科学研究能力及其成果水平、师资力量、在社会生活中的影响及声望等。也就是说，教育社会评价的对象既可以是某一教育活动或现象的整体，也可以是组成整体的各个方面。

体育教育社会评价是教育社会评价的一个分支。通过以上对教育评价和教育社会评价的研究，以及本书所要研究的重点，笔者认为，体育教育社会评价就是对体育教育专业学生价值的评定和判断，是通过对社会用人部门的调查，来评定体育教育专业毕业生的专业综合素质的高低，以及了解社会对毕业生综合素质构成的需求变化，并对体育院校教育的结果做出价值判断，进而调整体育教育专业的培养目标，优化课程体系，促进体育教育专业健康发展的一种评价方法。据此，体育教育社会评价的概念表述为通过制定科学的评价指标体系，对体育教育专业学生的综合素质以及体育院校教育的结果做出客观的评定。

二、体育教育专业学生综合素质社会评价的特点

所谓特点，就是某一事物具备而其他事物不具备或不完全具备的独特的性质。体育教育社会评价是对以往体育评价思想的反思与发展，在体育教育发展的不同阶段，其特点也会随之有不同表现。从现有的教育及体育教育评

价的理论分析来看，它的基本特点主要体现在以下几个方面：

（一）体育教育人才素质影响的双重性

人才质量评价的主要目的在于判断学校的教育水平。进行学生质量的社会评价时，必须注意分析人才质量受校内教育和社会教育双重因素的影响，选择合理的时间，使用适当的方法，使对学生质量的评价结果能反映学校教育的真实水平。

（二）高等学校的教育质量具有后效性

高等学校的教育质量必须在学生在工作岗位上实践一定时间后才能反映出来，而学生的成长又受到家庭、社会、人际关系、个人机遇等多种社会因素的影响，因此学生毕业时间越长，社会因素的影响越大。

（三）评价对象的散在性

体育学生输送到社会后，大部分都呈散点分布。而且根据学校分配档案追踪毕业生时，不少学生由于各种原因导致工作岗位变动，往往一时难以查清去向，增加了跟踪调查的困难度。

（四）评价内容的综合性

对学生在社会工作岗位上的效益评价，不应仅局限于人才素质和知识智力结构评价，还应该突出地评判其实际工作能力和社会作用，包括解决专业实际问题的能力、适应能力、创新能力、组织管理能力、科研能力和其他社会服务能力等。

（五）缺乏具体测量指标

由于评价对象的多样性，因此难以确定具体的测量指标。也因此，评价应以多元评价为主，对已进入社会工作岗位的学生综合素质的判断一般采用评议调查的方法。通过制定用评价语言描述的等级量表，向有关人员进行评价调查。为使评价信息尽量客观准确，必须要求由用人部门领导、同行和毕业生本人从不同的认识角度提供评价信息，实行多元评价，通过加权综合，得出比较可信的评价结果。

（六）评价过程干扰因素多

被动员参与评价调查的人员情况相当复杂，与受评体育学生的人际关系、感情意向各不相同，评价组织者短时间内难以全面掌握情况，所获得的信息很难保证全面、客观、准确，这给评价分析带来了一定的困难。

（七）有比较明显的区域性差异

由于不同地区的社会状况不一致，各省、市，各院校掌握的评价标准尺度又不易统一，因此不同地区对同一院校毕业生质量的评价结果往往有较大的差异。若组织校际间统一尺度的社会评价，又会因多方面的原因而难以实施。因此，人才培养质量的社会评价一般是本省、本校的自我评价，不同地区、不同院校的横向可比性较差。

三、体育教育专业的综合素质评价的意义

（一）有利于完善现行体育教育评价活动体系，提高评价的准确性

早在 1988 年 1 月，国家教委在全国高等教育工作会议上就指出："评价教育质量的主要标准是社会实践。各级教育部门和高等学校要有计划地对学生作跟踪调查并形成制度。要把培养出来的学生是否德才兼备，是否真正适应社会主义建设的实际需要作为衡量学校办学成败的基本标志，作为进一步开展教育改革的重要依据。"这不仅阐明了教育评价的主要目的和意义，而且明确了高等教育评价中的人才培养质量和评价必须进行社会评价的根本观点。

多年来，我国体育教育的评价主要集中在对教学评价研究方面。主要表现有两点：一是对体育教学质量的评价；二是对体育专业学生学习成绩的评价。随着对体育评价的不断探索，体育教学评价的内容有了很大的扩展，开展了包括对教学效果的评价、教学内容的评价、教学环境的评价、教师的评价以及学生学习效果的评价等。评价的类型也从单纯的终结性评价发展到形成性评价和诊断性评价。评价的方法手段也更加科学，突出了定量评价，如采用模糊数学的方法对体育教学进行综合评价。但是始终没有建立真正的体育教育评价制度，当然，也不会有体育教育社会评价机制。

目前，我国正对体育教育培养目标、课程设置方面进行积极的探索，目

的是提高教育质量，培养适应素质教育需要的体育教育人才。要实现这一目标，就需要构建相应的科学评价体系作为导向和保障。同这种变革相适应，体育教育评价也必须改变那种政府主管部门或由其组织的单一行政评价形式。体育教育评价不仅应当有政府主管部门的评价，还应有自我评价、专家评价和社会评价等多种形式。通过多种形式的评价反映不同主体的意愿和观点，吸纳各个方面的意见，形成立体评价网络，使体育教育评价成为改革体育、发展体育事业的催化剂。各种形式的体育评价都有其所长，也有其所短。建立体育教育评价的立体网络，则可以扬多种评价形式之所长，避一种评价形式之所短，形成各种评价形式的互补，充分发挥各种评价形式的综合效应。因此，建立体育的社会评价机制，有利于完善现行体育评价活动体系，提高评价的准确性，克服现行体育教育评价形式的不足。

（二）有利于加强体育院校与社会的交流

当前，国外的体育院校体育教育专业早已改变了传统的单纯培养师资的现状。例如，德国科隆体育大学的最大特点是根据社会需求设定方向，他们每五年做一次调查，即毕业生在什么岗位上找到职业，他们就根据这一社会需求修订什么专业方向。日本根据对部分体育专业毕业生的就职状况调查研究发现，日本体育院系的课程大都是为培养体育教师而设，已经不能适应社会对体育运动需要的变化。因此，通过社会的调查，在专业设置上，一些学校在维持原有的体育专业的基础上，创立包括运动科学在内的新学系，培养新型体育人才。在课程结构的改革方面，首先，基础教育课程和专业基础理论课程得到进一步加强；其次，大幅度提高选修课的比例，使学生能够结合自己的能力、兴趣和未来的志向能动地学习。

如今，运动经营管理和终身体育受到普遍重视。例如，筑波大学、早稻田大学、大阪体育大学等都将运动管理列为必修课。此外，信息技术教育也在受到普遍重视。进入 21 世纪后，随着全民健身计划的实施，体育产业化的蓬勃发展，国际体育交流更加广泛，体育社会化、产业化已成为我国体育发展的趋势，这为体育人才提供了广阔的用武之地，同时对体育人才的功能、质量、种类、数量提出更新更高的要求。体育科研人员、社会体育指导、康复保健人员将成为人才市场的一大热点。此外，体育翻译、体育宣传、新闻工作者、体育专业人员、体育旅游工作者、传统体育人才也会应运而生。而社会对体育教师的需求将呈现平稳和缓慢下降趋势。因此，通过对社会对体育人才的需求和要求、毕业就业市场的现状和动向调查研究，我国应把培养目标从过去只培养体育教师的单一目标转向培养具有较宽知识面和多种能力的复合型人才的总目标，以培养体育教育者、指导者、管理者、经营者和第三产业所需要的体育人才为具体目标。体育教育专业的培养目标以培养体育教师为本，辐射其他体育相关领域，根据健康第一的指导思想和全面实施全民健身计划纲要的需要，应进一步拓宽专业培养口径，扩宽学生的知识面，同时增强学生选课的灵活性，调动学生学习的积极性和主动性，提高他们的社会适应能力。因此，课程方案设置了体育教学训练方向、体育保健康复方向和民族传统体育方向等的选修课程。体育教育专业人才的培养途径、体育专业课程体系的设计受制于专业人才规格，专业人才规格受制于培养目标，而培养目标又受制于社会分工的需求。反过来也可以说体育专业课程体系是为了按专业人才规格培养人才，从而符合培养目标的需求，进而满足社会的需要，这四者之间便构成了一个双向制约、相互联系的循环系统。因此，体育专业课程体系的设计，必须在社会与经济发展的大背景下来认识社会分工的需要。以体育教师培养为主要目标的传统教学计划已不能适应社会对多种体育人才的要求。通过对体育教育的社会评价，针对社会的需要，提供多种教学计划，培养多方面专门人才已是大势所趋。有社会需求是体育教育专业生存的前提，而是否适应社会需求则是检验专业建设成功与否的重要指标。因此，专业设置必须进行社会需求调查，以社会需求为导向。体育教育专业所要满足的是社会需求的特定方面和特定层次，只有了解本专业人才需求的层次和素质，才能依据市场的细分理论对社会需要进行细分，以本专业的水准为依据，对设置专业进行需要和层次定位。

要培养出有较宽知识面和多种能力的体育复合型人才，能够按社会的需要设定专业方向，关键是建立一支具有良好的专业素质、结构合理、相对稳定的高校教师队伍。他们应具备以下基本素质：与人际关系相关的素质；适应社会变化的知识和技能；对学生和教育应有状态的恰当理解；对教师职业的热爱和自豪感；具备指导学生的知识、技能及态度等。目前，我国的高等教育专业的师资队伍存在一些不足之处。因此，通过对毕业生综合素质的调查研究，对高校教师的综合教育能力的更新、提高具有重要意义。

第二节　体育教育专业综合素质评价指标体系设计的原则

体育教育专业学生综合素质评价指标体系设计的原则是对指标体系的基本要求，是评价的有效性和可靠性的根本保证。提高社会评价活动的科学性是对社会评价活动的根本要求。要对体育教育专业的毕业生做出一个科学化的社会评价，从作为主体的群体（社会用人单位）方面来分析，应明确以下两点：

第一，社会需求能正确地反映到评价主体的意识中来。这里的正确反映包括两方面：首先，群体需要能全面地反映到评价主体的意识中来，以形成完整的群体利益体系；其次，群体的各种需要与群体之间的客观关系能如实地反映到评价主体的意识中来，为评价主体进行比较和选择提供基础。群体需要比个体需要复杂，群体需要反映到评价主体意识中的过程比个体需要反映到评价主体意识中的过程更曲折，这就增加了形成完整的群体利益体系的复杂性，也使评价主体更难把握群体的各种需要与群体之间的各种客观体系。

第二，评价主体对各种群体利益进行比较，权衡得失，从而正确地选择作为社会评价活动的标准。各种利益错综复杂地交织在一起，选择以群体的何种利益作为社会评价活动的标准，有时往往成为一个很复杂的系统工程。在社会评价活动中，选择评价标准的正确性不仅要受到当下社会实践的检验，而且要经受历史时间的考验。

为实现以上两点要求，在对体育教育专业毕业生实施评价时，应遵循以下几个原则：

一、方向性原则

体育教育专业学生综合素质评价指标体系设计要有正确的价值取向，这是学生综合素质评价的有效性和可靠性的第一层次的最高保障。如果说进行评价方面的改革是实施素质教育的关键，那么制定完善的评价指标体系则是贯彻素质教育的可靠保障。改革体育教育综合素质教育评价、完善评价指标体系首先要确立体育教育综合素质教育的价值取向，以教育是否促进了学生的身心发展为评价的标准。学生不是知识的容器，而是有生命和情感体验的活生生的人，是心智有机统一在一起的整体，是处在不断发展变化中的生命个体。因此，在设计体育院校学生综合素质评价指标体系时，要有正确的质量观和学生观，要根据教育质量的标准，以学生为评价指标设计的主体，还要根据教育质量的综合性，突出体育专业的特殊性。

二、科学性原则

在体育教育专业学生综合素质评价指标体系设计过程中要运用科学的方法和技术。首先，要有科学的态度，对指标体系做到客观公正、实事求是；其次，要建立一个科学合理的评价指标体系设计程序；再次，在设计过程中要考虑定量和定性相结合的评价模式；最后，要用正确的价值判断的方法。

三、全面性原则

第一，全面性原则是指体育教育专业学生综合素质评价指标体系设计的全面性；第二，要面向全体学生，就是说该指标体系设计要在学生综合素质评价中能看到全体学生的发展水平，不能以偏概全，只盯着少数优秀学生；第三，要注意综合素质评价指标体系中各要素的整体功能综合效应，学生综合素质评价过程是一个复杂的、多因素的且带有鲜明专业特色的动态的过程，因此设计者在设计体育教育专业学生综合素质评价指标体系过程中，要重视影响综合素质教育质量的各因素之间的关系和结构，以发挥其整体优化的功能；第四，要重视评价效率，衡量评价的质量和效果，不仅要看评价所取得的成果，而且要看所投入的时间和精力；第五，对体育教育专业综合素质评价要自学生入校后一直到毕业的全过程进行评价，保证评价的连续性和全程性。

四、教育性原则

体育教育专业学生综合素质评价指标体系设计要体现评价的正面导向作用，发挥评价的改进和激励的教育性功能。综合素质评价指标体系在产生之初，主要是通过评价来证明学生是否达到了预定的目标。到了今天，发展为通过评价创造适合于体育院校学生综合素质发展的教育。在评价指标体系中能体现充分尊重和信任评价对象。

五、动态性原则

体育教育专业的可持续发展既是一个目标，又是一个过程，在一定时期其评价指标体系不仅应保持相对的稳定性，还应具有动态性。动态指标更要综合反映体育教育专业可持续发展的趋势和现状特点。

六、主体性原则

评价活动的主体性原则是指主体总是从主体自身的需要出发，以利益为标准来评价客体，这是评价活动的根本原则，但在社会评价活动中更要强调自觉地运用这一原则。因为，在个体评价活动中，评价主体和价值主体是重合的，因而对于主体来说，在评价活动中运用主体性原则是不言而喻的，虽然这里有自觉和不自觉之分。在社会评价活动中价值主体是群体，虽然评价主体在理论上是群体，但是在实际上总是由一个个具体的现实的个体或机构组成的。处于群体中的个体或机构容易发生偏离从群体的角度和地位出发来进行社会评价的方向，因此特别要注意主体性原则在社会评价活动中运用的自觉性。

七、实效性原则

实效就是在实践中所形成的价值。综合效果原则首先要求注重实效。"实效"与"虚效"相对立。两者的根本区别在于主体的客观需要是否在客观上真正得到了满足。如果被满足的不是主体的客观需要，而仅是未能正确反映主体客观需要的主观意向，那么所谓的效果就是虚效，而不是实效。在个体评价活动中，价值主体和评价主体的重合，使主体容易感受到实效。在社会评价活动中，价值主体和评价主体的实际分离，使评价主体必须认真区分对于价值主体而不是对于具体的评价主体而言的实效和虚效。主体处在复杂的社会关系中，而社会关系在本质上是价值关系，因此注重实效就要注重各种价值关系之间的比较和权衡，即注重综合效果。科学地分析各种不同质的价值关系，并尽量把各种不同质的价值关系量化，再予以辩证地综合，这是科学的社会评价活动的实际内容。

八、超前性原则

评价活动的重要特点是它的作用在于指出价值关系在实际过程中运行的后果。如果只限于指出已成为现实的结果，那么评价活动就失去了其存在的必要。评价活动的要旨在于超前。这一点对于社会评价活动尤其重要。群体的实践范围大，其产生作用的影响也深远，往往会出现一系列连锁反应。社会评价活动不仅要正确地评价第一个价值后果，而且要超前评价由第一个价值后果引发的第二个价值后果或第三个价值后果。如果没有这种基于实践的发展观点和超前功能，社会评价活动将不会为社会生活所需要。而正确地发展这种功能既是社会评价活动科学性的标志，又是对社会评价活动科学化提出的要求。

九、民主性原则

如果说主体性原则、实效性原则和超前性原则在一般评价活动的科学化中是应遵循的原则，那么民主原则就是社会评价活动的科学化所要遵循的独特原则，这是因为，如果在评价者和被评价者之间缺乏民主平等的气氛，没有形成良好的关系，那么评价的结果往往会受到被评价者的抵制和排斥，不能为被评价者所接受，也就不能发挥激励、调节等评价功能。因此，在社会评价中能否在评价主体之间建立和谐的关系，是决定社会评价成效的关键。主体性原则、实效性原则、超前性原则和民主原则是实现社会评价活动科学化的几个重要原则。当然，还有一些其他原则。这些原则内容本身是不断地随着实践的发展而发展的，否则它们便不能成为社会评价活动科学化的标志。这些原则是由构成社会评价主体的一个个具体的个体或机构来现实地掌握的。为了防止和改变社会评价活动原则的僵化状态，保持社会评价活动的不断发展，就应该促进主体自身生活实践的发展，不断地提高人的理性思维和实践感受的能力。

通过以上对社会评价原则的研究，笔者认为，在构建体育教育专业毕业生社会评价指标体系时，首先就是要确立以社会用人部门的需求和利益为标准的评价体系；其次，能够通过对各个社会用人单位对毕业生的综合素质需求进行比较和分析，确立正确的评价标准；再次，真正掌握好超前性原则。随时把握社会用人单位的需求变化，建立动态的评价指标体系；最后，在评价活动中搞好与被评价者的关系，避免个人情感因素对评价过程的干扰。对评价的结果最好不予公开，以免激起被评者的逆反心理，从而最大限度地发挥评价的激励、调节和反馈功能。

第三节　体育教育专业综合素质评价指标体系设计的方法

一、体育教育专业综合素质评价的方法论基础

学生素质评价是一个涉及多因素、多指标、多层次的复杂系统，需要以系统科学作为方法论的基础。系统科学是以系统思想为中心的一类新型的科

学群。它既包括系统论、控制论、信息论、耗散结构论、协同论，又包括运筹学、系统工程、信息传播技术、控制管理技术等许多学科，是 20 世纪中叶以来发展较快的一大类综合性科学。下面对系统论、控制论、信息论做简要阐述。

（一）系统论

系统论研究系统的一般模式、结构和规律，研究各种系统的共同特征，用数学方法定量地描述其功能，寻求并确立适用于一切系统的原理、原则和数学模型，它是一门具有逻辑和数学性质的科学。系统论认为，整体性、关联性、等级结构性、动态平衡性、时序性等是所有系统的共同的基本特征。其核心思想是系统的整体观念，即把所研究和处理的对象当作一个系统，分析系统的结构和功能，研究系统、要素、环境三者的相互关系和变动的规律性，并优化系统。对学生素质评价方法的研究，也应该站在系统论的高度，将评价方法研究视为一个整体，来研究各类评价方法的功能、一般模式、构成要素、要素之间的相互联系以及对整体评价的影响等问题。

（二）控制论

控制论是一门研究各类系统的调节和控制规律的科学。控制论研究各种不同基质系统的通信和控制的过程，探讨它们共同具有的信息交换、反馈调节、自组织、自适应的原理和改善系统行为、使系统稳定运行的机制。控制论的主要方法有信息方法、反馈方法、功能模拟方法和黑箱方法等，其核心是反馈方法。在学生素质评价体系中，控制应该始终贯穿素质评价过程的始末。利用信息方法，最大限度地接收学生的信息，紧密结合其个性、爱好、学习环境、生活环境、社会关系等方面的因素，进行全方位观察，并将观察到的能够不同程度地反映学生不同侧面的信息进行定性和定量的分析、评价，将评价结果作为反馈信息，构成"教育—评价"控制系统，并通过与培养目标相比较，对高校教育实施控制，保证教育目标的实现，形成学生素质评价控制系统。

（三）信息论

信息论是研究信息的产生、获取、变换、传输、存贮、处理识别及利用的学科，它以各种系统、各门科学中的信息为对象，广泛地研究信息的本质和特点，以及信息的取得、计量、传输、储存、处理、控制和利用的一般规律。从信息论的观点出发，高校学生素质评价系统可以看作一个信息流，它反映了学生素质评价信息的采集、存储、加工、处理的过程。

二、体育教育专业综合素质评价指标体系设计方法

（一）客观评价和主观评价相结合

客观评价和主观评价相结合是指，在素质评价过程中既要尽量采取客观的评价手段与方法，又不要忽视主观性综合评定的作用；既要强调客观性，又不能完全追求客观性，要最大限度地发挥评价工具客观性与评价主体主观能动性的作用。客观评价和主管评价相结合应具体体现在评价目标体系制定、手段方法选择以及评判与解释结果的全过程中，应该是一个有机的结合过程而不是机械的相加过程。

（二）定性指标与定量指标相结合

定性评价就是采取经验判断的方法与观察的方法，侧重从行为的性质方面对素质进行评价；定量评价，就是采取量化的方法，侧重从行为的数量特点素质进行评价。任何事物都有质与量的形式，仅是定性评价，只能反映素质的性质特点；仅是定量评价，有可能忽视素质的质的特征。此外，只从定性内容上去评价素质是不深入的，往往是一种模糊的印象判断；仅从定量形式方面去评价素质，则往往是不完全的，是一种表面的评价。用定量指标计算，可以使评价具有客观性，便于用数学方法处理，其与定性指标结合起来，又可以弥补单纯定量指标评价的不足。

（三）静态评价与动态评价相结合

静态评价是对被测者已形成的素质水平进行分析判断，但不考虑素质前后的变化性。静态评价可以看清被测者之间的差异与被测者是否达到了某种标准，但忽视了被测者原有的基础与今后的发展趋势。动态评价是从素质形成与发展的过程而不是结果，是从前后的变化情况而不是当前所达到的标准进行素质评价。动态评价有利于主测者了解被测者素质的实际水平，有利于指导、激发被测者的进取精神，但缺点是不同被测者的评价结果不便于相互比较。

静态评价与动态评价相结合还表现在方法上。心理测验一般是静态的，面试与观察评定具有动态性，这两方面要结合起来，让被测者在与主测者的

交谈中展示自己的优良素质。

因此，素质评价既要看到之前所达到的水平标准，又要看到过去的基础与将来的发展趋势；既要采取问卷等静态的方法，又要采取评价面试等动态的方法来评价人的素质。

（四）分项评价与综合评价相结合

分项评价，即把素质分解为一个个的项目分别独立地进行评价，然后综合；综合评价，则是综合素质的各个方面进行整体的、系统的评价。素质是一种相当复杂的行为系统，对它进行必要的分解，逐项评价有利于提高评价的准确性，但是素质被分解为一个个要素后，不少整体特征就可能损失，尽管最后综合相加，但却不一定能反映原貌。因此，素质评价应该将分项评价与综合评价结合起来。

（五）精确评价与模糊评价相结合

精确评价是指任何一种评价信息与任何一个判断都力求准确可靠，不下无根据的结论，不用无依据的信息。精确评价不一定就是定量评价，定性评价也可以有精确评价。模糊评价，是指评价信息的收集与素质评判并不要求那么准确，大概觉得具备某种素质就可以做出分析判断。因此，模糊评价是一种大概评价、印象评价，而不一定是模糊数学评判。素质评价如果只求精确不能模糊，那么素质评价可能无法定论；如果只求模糊不求精确，那么评价结果可能就主观随意。因此，素质评价应该是在模糊之中求精确，在精确之中蕴模糊。精确评价与模糊评价相结合，还应体现在标准制定、方法选择、信息分析、结果评判与解释的全过程。

（六）要素评价与行为评价相结合

要素评价是指素质结构的要素评价。这些要素往往是对素质的理论演绎或分解，相对具体的行为来讲，它具有抽象性、概括性与综合性。例如，品德因素中的正直、热情等是品德结构中的一些要素。日常生活中，人们一般不再对他们做进一步的分解而直接评价。与此相应的则是行为，行为是素质较具体和表层的形式。任何一种素质的表现行为都是大量的、独立的和具体的。要素评价与行为评价对素质评价来说是相辅相成的。有要素评价没有行为评价是空虚的，有行为评价但缺乏要素评价则是琐碎而无意义的。

第四节　体育教育专业本科毕业生综合素质

近年来，随着教育评价在我国的广泛兴起，不少体育院校开展了对毕业生质量的跟踪调查。但是作为衡量学生教育质量的基本标准和客观质量的反馈系统并未能有效地发挥对体育教育改革的指导作用。究其原因，除了社会评价工作难度大，评价的模糊性与随意性以外，主要是缺乏有关对教育社会评价的理论认识，难以建立科学简易的评价指标系统，因而导致整体研究水平不高。在以上对社会评价基本理论的研究分析与专家调查的基础上，本书设计了该评价指标体系。

一、评价指标体系的设计

开展社会评价的目的主要是通过学生在社会上的总体表现来反映被评价体育教育专业的人才培养水平。毕业生行为的核心是素质问题，因此指标体系设计的中心是对毕业生专业素质的考查。除了先天素质以外（作为群体它是常数，可排除在外），还应当包括生理素质、心理素质、政治素质、道德素质、文化科学素质、业务素质等方面。考虑到他们与高校人才培养的德、智、体诸方面的对应关系，本书将思想道德素质（含职业道德与修养、敬业精神、改革创新观念、热爱体育事业、具备牢固的专业思想等）、心理素质（含自我认识能力、情感控制能力、良好的思维与应激能力、社会适应能力等）、文化科学素质（含专业基础知识、健康教育知识、新兴学科知识等）、能力素质（含教学能力、运动训练能力、管理能力等）等八个方面作为评价指标体系的基本框架。每个一级指标下设多项行为特征的二级指标（因素）。首先向有关资深专家进行访谈，并将访谈的结果进行归纳整理，设计调查问卷。根据专家意见筛选掉评价积分小的因素，确定了指标体系的 4 项一级指标，18 项二级指标。

在确定了指标体系的基本结构后，本书就指标体系的整体合理性和各二级指标的重要性程度，分别用直接赋值法、层次分析法和特尔斐法三种方法对部分第二轮咨询专家进行了第三轮专家咨询，回收率达 80%。鉴于不同方法的数值不具备直接可比性，需要采用教育测量学中标准分数的概念，因此将三种方法咨询的结果转为标准分数后再求平均值，用归一法求得各项指标的百分权值，取整后得到综合评价指标体系，如表 7-1 所示：

表 7-1　体育教育专业综合素质评价指标结构与权重调查结果

一级指标	二级指标	二级指标代号	赋权方法			百分权值（取整）
			直接赋权	层次分析	特尔斐法	
道德素质	专业思想	X_1	6.4	3.8	4.1	5
	政治表现	X_2	4.6	6.3	4.8	5
	职业道德	X_3	8.2	6.1	7.1	7
	工作态度	X_4	7.3	10.1	9.2	9
业务素质	工作能力	X_5	12.1	13.3	12.9	13
	科研能力	X_6	5.3	8.1	7.2	6
	创新能力	X_7	5.1	3.9	5.8	5
	外语能力	X_8	3.4	2.8	5.7	4
	计算机应用能力	X_9	3.6	5.4	3.2	4
专业文化素质	审美能力	X_{10}	2.7	1.6	1.8	2
	专业知识	X_{11}	11.4	11.6	10.2	11
	继续学习能力	X_{12}	4.7	3.4	3.5	4
	信息素养	X_{13}	2.2	2.6	2.8	3
	教育科学知识	X_{14}	6.5	6.8	7.3	7
身心素质	人际关系	X_{15}	3.1	2.2	3.7	3
	心理素质	X_{16}	3.6	2.6	1.8	3
	社会适应能力	X_{17}	5.2	3.1	4.1	4
	健康状况	X_{18}	4.6	6.3	4.8	5

二、实施体育教育社会评价的模式

　　新的体育教育评价改革明确提出，要建立发展性的体育评价体系。发展性的体育评价的提出，不仅体现了当前体育评价最新发展趋势和先进的评价思想，而且主要是针对我国现行体育评价体系的不足与局限，因此深具前瞻性和现实性，对推进高等体育教育评价改革影响深远。我国目前仍然有一部分学校只重视终结性评价，而忽视过程性评价。主要表现为以下几点：过分强调甄别和选拔的功能，忽视改进与激励的功能；过分关注对结果的评价，忽视对过程的评价；过分关注评价的结果，忽视评价过程本身的意义；评价内容过于注重竞技运动，忽视综合素质的评价和全面发展的评价；评价方法单一，过于注重量化和传统的测验法，缺少体现新的评价思想和理念的新方法；评价主体单一，忽视评价主体的多元化；等等。因此，评价者在实施体育社会评价时要做到以下两点：

（1）实施体育教育社会评价要坚持方法的多元化。当前世界教育评价中一个很重要的趋势就是定量评价与定性评价的结合。这种结合主要是因为传统评价中单一的量化方法的局限性而提出来的。量化评价方法有其客观性的一面，但其局限性也是很明显的，因为有许多因素是暂时无法进行准确定量的；质化评价方法在一定程度上能进行整体性评价，从而给学生以弹性化、人性化的发展空间，但这种评价方法对评价者的要求相当高，同时由于其主观性较强，所以其受到一定的影响。因此，在当前的评价实践中，人们趋向于把质化评价方法作为量化评价的指导，同时把量化评价结果又作为质化结论的基础，这样有利于二者取长补短，更好地发挥各自的优势。在对体育教育专业毕业生进行评价时，如对毕业生的体育科研能力、课程理论知识等素质能量化的一定要进行量化，但不能为了追求量化而强行对那些不能量化的因素（如教育情感、教学能力的发展等）也进行量化。评价者更不能把根据这些量化评价的因素进行的评价作为对该毕业生的整体评价。因此，在量化以后再对那些不能量化的因素进行质化评价，同时要对量化后的结果进行质化分析，这样就使量化评价方法和质化评价方法有机地结合在了一起。

（2）实施体育教育社会评价要坚持评价形式的多元化。传统评价往往用行为目标作为判断的依据，而行为目标是结果取向的，它重视的是学习结束后的成就，而忽略学习的过程。当然，所进行的评价也仅是终结性评价而已。笔者认为，过去的"片面追求升学率"这一现象在一定程度上是因为对学生的评价只重视学习结束后的成绩，而忽视学习的过程，忽视成绩后面不同的动机取向和努力程度，忽视学习内在情意目标和态度的培养造成的。因此，课程评价形式必须多元化，即应将诊断性评价、形成性评价和终结性评价结合起来。在对体育教育专业学生进行评价时，首先，应进行诊断性评价，也就是对该学生各方面现有发展水平做一个评价；其次，在学生学习的过程中随时进行各方面的评价，特别是教师对该学生的评价及该学生对自己的评价，这些评价有利于双方随时发现学习过程中的问题（包括学习方法、学习态度、教师教学方法、教学态度等方面的问题），随时加以改进，这就是形成性评价；最后，对学生的各方面发展做一个终结性评价。只有将这些评价方式结合起来对学生进行评价，才能准确、公正地评价一个学生，既能保证评价结果的信度和效度，又能调动学生学习的积极性和教师教学的积极性。为更好地实施体育社会评价，笔者试构建体育教育社会评价的发展性评价模式。通过评价模式，把所做的评价反馈给毕业的学生，学生因而可以了解他们的工作在多大程度上达到了教育标准以及工作单位所期望的预期目标；把所做的评价反馈给教师，教师因而可以了解该通过何种途径进行知识的更新和专业的改造适应；把所做的评价反馈给学校，学校因而可以了解校内的教师是否称职，他们所培养的学生的种类、数量以及专业综合素质是否与社会的需求一致；把所做的评价反馈给决策者，决策者也可以了解他们所做的各项决策是否在发挥作用。这种反馈反过来又可以促进决策的改变，激发在校学生改进自己的学习状况。

　　以过程为基础的体育教育专业综合素质社会评价模式如图 7-1 所示。图 7-1 表达的意义主要有以下几个方面：第一，识别社会需求，通过各个教育过程的实施并向社会提供体育人才可视为一个大过程，社会起着重要作用；第二，基于发展性的评价方法，实现培养目标，体育院系的管理，教育过程，评价、分析改进过程，即图 7-1 中圆内所包括的过程；第三，这四个过程存在着相互作用，体育院系的管理，实现培养目标所需的教育资源的提供构成了教的过程，对实现培养目标的评价、分析改进构成了支持过程；第四，这种评价方法适合体育教育社会评价体系的不断改进，图 7-1 中已表明了这一评价方法也适合每一个过程的持续改进；第五，图 7-1 中实线箭头表示增值活动，虚线表示信息流，并且是双向的。

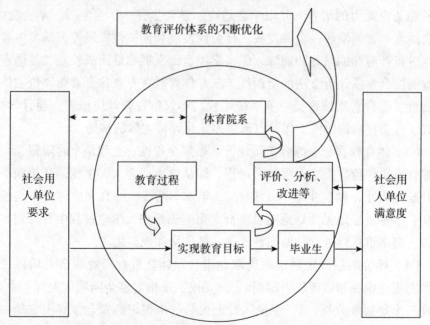

图 7-1　以过程为基础的体育教育专业综合素质社会评价模式

这一评价模式是以全面社会调查为基础而建立起来的，其较重要的特征在于其发展性和开放性。主要表现如下：在评价功能上，由侧重甄别和选拔转向侧重发展；在评价对象上，由对关注结果的评价转向对过程的评价；在评价主体上，强调评价主体多元化和评价信息的多元化；在评价结果上，强调评价结果的反馈以及被评价者对评价结果的认同和对原有状态的不断改进；在评价内容上，注重建立促进学生全面发展的评价内容体系。评价不仅关注学生的学业成绩，而且要通过这种评价模式发现和发展学生多方面的潜能。

第五节　体育教育专业综合素质评价的广度分析

（1）体育教育专业综合素质评价要做到全体性。即评价的对象要面向全体体育教育专业的学生，其不是学生中的某一类代表，不是学生中的某一年级，而是步入体育教育中的每一个个体。

（2）体育教育专业综合素质评价要做到全面性。全面性有三层含义：一是体育教育专业综合素质评价内容的全面性。即学生要接受认知品质、个性品质和适应能力的培养，并以学会适应、学会生存、学会学习、学会交往、学会做人、智能发展、个性发展、社会性发展和创造性发展等为基本内容对学生进行针对性的培养和训练，促进学生全面发展和健康成长。二是体育教育专业综合素质评价方法的全面性。三是体育教育专业综合素质评价主体的全面性。综合素质评价是一项系统工程，不仅学校教师应该管，而且学生、家庭、社会都应该协同工作，以形成多元化评价主体的格局。

（3）体育教育专业综合素质评价要做到全程性。全程是个时限概念，学生综合素质评价应贯穿大学的全过程，即从学生一跨入大学校门开始到毕业离开校园为止，做到4年（或3年、5年）不断线。综合素质评价不能断断续续、零零星星地无计划地随意进行，而应该是在大学全过程中有计划、分阶段、突出重点地进行，做到系统化、科学化和规范化。

（4）评价的层面要科学地选取和组合。体育教育专业综合素质评价要兼顾宏观、中观和微观三个层面。"三观论"是指对整个问题从宏观、中观、微观三个层面来分析。"三观论"看上去是一个很虚的概念，其实它是一个大思路、大观点，这种思路不仅存在于信息安全领域，而且在其他领域也能够体现出来。首先，从范围大小来看，宏观、中观和微观分别对应着全局、局部及单点。涉及机构整体的问题是全局性的，属于宏观问题；局部问题主要涉及的是机构的一些部门或者业务；如果只是涉及单个或几个的个体或者业务的部件，这是微观范畴，就没有必要调动宏观资源来解决这些单点问题。其次，从实体化程度方面来讲，"三观"又有另外一种感觉。宏观比较务虚、模型化，而微观比较实在、物理化。从这个思路来看综合素质评价，如果问题发生在安全设备、检测功能、资源、系统等方面，是微观层面；如果是流程、制度、大系统等出现了问题，结构性就显现出来了，这些内容更抽象、更模型化，已经属于中观层面了；再向上就是宏观层面的价值观、使命和业务等。"三观"是一种思路、一种观点，三个层面的意义各有不同。如果从微观来说，单点、基层的、物理系统、局部、功能性、实现是微观；而体系结构、中层的、具体化一些运行性的、制度化的东西是中观；宏观则表现在价值、使命、业务等方面。一般来讲，决策层是机构的高层领导，主要负责决策、战略制定；中间的运营层，体现为对安全产品和安全任务的运作、管理、执行；机构基层负责的是实现、运行及具体操作。也许，各方面的问题和工作，通过宏观、中观、微观这个桥梁和组织结构与责任的对应才是最有价值的。

总之，对体育教育专业综合素质评价要力求做到以下几点：对"宏观研究"的认识论、系统论、结构论要全，要深；对"中观研究"的模式、技术、艺术要精，要新；"微观研究"的概念、问题、方法要全，要准。

参考文献

［1］王丽，胡炜.高校体育课程成绩评定与课程评价架构的创新研究［J］.科幻画报，2021（9）：257-258.

［2］钟贞奇.高校体育课程评价的现状及改进方法［J］.文体用品与科技，2020（21）：193-194.

［3］李晓汝.以多元智能理论为基础构建体育课程评价体系的思考［J］.山西青年，2020（6）：57.

［4］张锦锦，赵欣莹，苟定邦.应用型本科院校体育课程评价体系研究［J］.学园，2020，13（6）：78-79.

［5］王娟.中外大学体育课程评价体系对比［J］.江西电力职业技术学院学报，2018，31（3）：81-82.

［6］畅永霞.大学体育课程评价体系深化研究［J］.江西电力职业技术学院学报，2018，31（2）：144-145，149.

［7］张俊.重构体育课程评价体系探讨［J］.体育风尚，2018（2）：219.

［8］沈帅.体育课程评价和课程实施效果评定的综述研究［J］.现代职业教育，2017（28）：152-153.

［9］陈再勇.普通高校公共体育课程评价体系的构建原则探讨［J］.中国多媒体与网络教学学报（电子版），2017（4）：243.

［10］王磊.试论体育课程评价体系与方法的创新［J］.学周刊，2017（24）：77-78.

［11］白亮.体育课程评价体系的构建分析［J］.林区教学，2017（4）：98-99.

［12］林永革，王峰.高校公共体育课程评价体系优化研究［J］.当代体育科技，2017，7（7）：112-113.

［13］廖钟锋.以供给侧结构性改革为主线的师范生体育课程评价体系研究［J］.广西教育学院学报，2016（4）：139-145.

［14］刘宗超，于冬晓.我国大学体育课程评价深化研究：以泰勒课程评价模式为视角［J］.体育师友，2016，39（3）：38-40.

［15］樊卫星.新课标视野下体育课程评价的辩证思考［J］.体育研究与教育，2016，31（1）：54-56.

［16］白海鹏.体育生活方式视角下的学校体育课程评价标准研究［J］.当代体育科技，2015，5（21）：253-254.

［17］高慧慧.高校体育课程评价体系改革剖析［J］.新西部（理论版），2015（13）：152，148.

［18］孙星.混沌理论视角下体育课程评价体系的建立［J］.体育研究与教育，2015，30（2）：51-55.

［19］叶旭红，纪成龙.过程与个体性差异：体育课程评价的立论基础［J］.铜仁学院学报，2015，17（2）：151-154.

［20］赵华.高校体育课程评价体系调整策略探讨［J］.文体用品与科技，2014（12）：142.

［21］章翔，雷震，李斌."能力为本"视角下《大学体育》课程评价体系的构建［J］.安徽师范大学学报（自然科学版），2014，37（3）：292-296.

［22］安婕.关于普通高校体育课程评价指标设立的创新研究［J］.黑龙江教育：理论与实践，2014（4）：79-80.

［23］吴世芳，郑清峰，李薇.高校体育课程评价体系改革初探［J］.工会论坛（山东省工会管理干部学院学报），2013，19（3）：133-134.

［24］汪虎."阳光体育运动"背景下大学体育课程评价新理念［J］.青年文学家，2012（24）：65.

［25］余锦，徐焰，蒲毕文.高校体育课程评价频度的研究［J］.安徽体育科技，2012，33（4）：56-59.

［26］刘传玲.关于体育课程评价的几点思考［J］.中学课程辅导：江苏教师，2012（13）：62.

［27］岳慧灵.体育课程运动处方教学模式［M］.长春：吉林人民出版社，2020.

［28］辛利.体育课程教学理论与方法［M］.广州：广东高等教育出版社，2019.

［29］ 肖艳丽，臧科运，薛敏．我国体育课程价值取向研究［M］．西安：陕西科学技术出版社，2020.

［30］ 冯渭宏，王霞．体育课程教学模式与改革探索［M］．长春：吉林出版集团股份有限公司，2019.

［31］ 肖洪凡，刘晓蕾．休闲体育课程建构理论与实践研究［M］．石家庄：河北人民出版社，2019.

［32］ 董建玲，郭士安，刘满娥．新课程标准下的体育教师评价体系研究［M］．沈阳：辽海出版社，2019.

［33］ 严峰．全面促进学生体质健康背景下的公共体育课程内容与评价体系重建［M］．哈尔滨：哈尔滨工业大学出版社，2018.

［34］ 丛伟．高校体育教育专业课程设置与教学评价研究［M］．青岛：中国海洋大学出版社，2016.